全国机械行业职业教育优质规划教材（高职高专）
经全国机械职业教育教学指导委员会审定
新能源汽车技术专业

电动汽车结构与原理

主　编　任少云
副主编　贺　萍　曹家喆
参　编　于　湛　朱小春　张　凯
　　　　张亚琛　孙晓莉　何　军

机械工业出版社

本书是新能源汽车专业有关汽车构造前导课程的配套教材。本书包括电动汽车的发展及现状，电动汽车的结构组成，车辆动力装置，车辆传动系统，车辆行驶、转向和制动系统，电动汽车电气系统等内容；并列举了典型电动车结构参数和性能以及电动汽车术语和高压安全注意事项等。本书可为“驱动电机及控制技术”“动力蓄电池及管理系统”“汽车网络与电路分析”等后续专业课程提供专业基础知识，可作为新能源汽车技术专业及相关专业的教材；同时也可作为新能源汽车爱好者的参考书。

本书配有电子课件，凡使用本书作为教材的教师可登录机械工业出版社教育服务网 www. cmpedu. com 下载。咨询电话：010-88379375。

图书在版编目（CIP）数据

电动汽车结构与原理/任少云主编．—北京：机械工业出版社，2019. 7（2025. 7 重印）

全国机械行业职业教育优质规划教材．高职高专 经全国机械职业教育教学指导委员会审定

ISBN 978 - 7 - 111 - 63469 - 0

Ⅰ. ①电…　Ⅱ. ①任…　Ⅲ. ①电传动汽车 - 高等职业教育 - 教材　Ⅳ. ①U469. 72

中国版本图书馆 CIP 数据核字（2019）第 177886 号

机械工业出版社（北京市百万庄大街 22 号　邮政编码 100037）
策划编辑：葛晓慧　蓝伙金　责任编辑：葛晓慧　赵　帅
责任校对：刘丽华　李锦莉　封面设计：鞠　杨
责任印制：刘　媛
北京富资园科技发展有限公司印刷
2025 年 7 月第 1 版 · 第 4 次印刷
184mm × 260mm · 8. 25 印张 · 197 千字
标准书号：ISBN 978 - 7 - 111 - 63469 - 0
定价：29. 80 元

电话服务
客服电话：010-88361066
010-88379833
010-68326294
封底无防伪标均为盗版

网络服务
机　工　官　网：www. cmpbook. com
机　工　官　博：weibo. com/cmp1952
金　书　网：www. golden-book. com
机工教育服务网：www. cmpedu. com

序　　言

汽车产业是国民经济的重要支柱产业，在国民经济和社会发展中发挥着重要作用。随着我国经济持续快速发展和城镇化进程加速推进，今后一段时期汽车需求量仍将保持增长势头，由此带来的能源紧张和环境污染问题将更加突出。加快培育和发展节能汽车与新能源汽车，既是有效缓解能源和环境压力，推动汽车产业可持续发展的紧迫任务，也是加快汽车产业转型升级、培育新的经济增长点和国际竞争优势的战略举措。为加快培育和发展节能与新能源汽车产业，国务院于2012年6月28日印发了《节能与新能源汽车产业发展规划(2012—2020年)》。规划中明确了新能源汽车是指采用新型动力系统，完全或主要依靠新型能源驱动的汽车，主要包括纯电动汽车、插电式混合动力汽车及燃料电池汽车。技术路线是以纯电驱动为新能源汽车发展和汽车工业转型的主要战略取向，当前重点推进纯电动汽车和插电式混合动力汽车产业化。规划目标：到2020年，纯电动汽车和插电式混合动力汽车生产能力达200万辆、累计产销量超过500万辆，燃料电池汽车、车用氢能源产业与国际同步发展。2017年我国新能源汽车生产77.7万辆，同比增长53.3%，纯电动汽车46.8万辆，占82.1%。

近年来，众多高职院校相继开设了新能源汽车技术专业，2017年在教育部备案的院校数多达189所。为了更好地指导专业建设，全国机械职业教育教学指导委员会（以下简称机械行指委）将新能源汽车技术专业列入首批重点观测专业，开展专业标准建设工作。全国机械职业教育高职汽车类专业教学指导委员会（以下简称汽车专指委）于2017年1月15日在北京召开了新能源汽车技术专业标准建设专题工作会议，汽车专指委部分成员单位及企业近20名专家参加了会议，与会专家围绕新能源汽车技术专业课程体系、教学标准、教师标准、实训基地建设标准等进行了深入的研讨，并对新能源汽车技术专业核心课程教材开发达成了共识。

本套教材由《电动汽车构造与原理》，《新能源汽车使用与维护》《新能源汽车动力蓄电池技术》《新能源汽车驱动电机技术》《新能源汽车电控技术》及配套工作页等组成。教材理论与实践紧密结合，以任务为载体构建职业能力主线，以完成任务为目标系统地进行理论学习和技能训练，旨在培养学生职业综合能力。希望本套教材的出版，能够为丰富新能源汽车技术专业教学资源，提升专业人才培养质量发挥更大作用。

教材编写团队由长春汽车工业高等专科学校、北京电子科技职业学院、深圳职业技术学院、湖南工业职业技术学院、湖南汽车工程职业学院、武汉软件工程职业学院等院校具有丰富教学经验的专家和北京卓创至诚技术有限公司、长春通立汽车服务有限公司等企业工程技术人员共同组成。教材在开发过程中得到了中国第一汽车集团公司新能源汽车分公司、北京新能源汽车股份有限公司、浙江吉利控股集团有限公司等企业的大力支持。在此表示由衷地感谢！

全国机械职业教育高职汽车类专业教学指导委员会主任委员　李春明

前　言

电动汽车目前已进入快速发展期，纯电动汽车、混合动力电动汽车和燃料电池电动汽车技术性能都已达到一定水平。虽然目前电动汽车不如燃油汽车普及，但因其对环境的污染小，甚至可以做到零污染，降低了汽车对石油资源的依赖程度，相信随着相关关键技术的突破性发展，电动汽车必将得到迅速发展和普及。

本书是为高职高专汽车与交通类专业编写的一本专业基础教材。根据高职高专人才培养所需知识、能力和素质要求，以培养高级应用型人才为目标。针对电动汽车理论系统专业性强和技术高度复杂的特点，本书以“注重应用、够用为度”的编写原则，注重基本概念引导和结论的总结。

本书是新能源汽车专业有关汽车构造的前导课程配套教材。通过本书学习，可使学生掌握电动汽车的基本构造，了解电动汽车结构的关键技术与基本概念。为后续专业课程“驱动电机及控制技术”“动力电池及管理系统”“汽车网络与电路分析”等提供专业基础知识。同时本书还可为开设新能源汽车专业的院校提供参考，为新能源汽车爱好者提供借鉴。

本书由深圳职业技术学院任少云任主编，贺萍、曹家喆任副主编。于湛负责编写第1章和附录A，张凯、朱小春和任少云共同负责编写第2章，任少云负责编写第3章和第4章，朱小春和张亚琛共同负责编写第5章，何军负责编写第6章，孙晓莉负责编写附录B，贺萍和曹家喆参与了编写。

本书在编写过程中得到学校专业领导和相关专业老师的大力支持和帮助，尤其在教材结构布置、组织编写方面，我校董铸荣和李正国等老师提供了大力支持和帮助。曹家喆老师提出很多宝贵意见，在此表示衷心感谢！

由于水平有限，书中不足和错误之处在所难免，敬请读者批评指正。

编　者

目　　录

项目一　电动汽车基础知识

学习目标：

理解电动汽车的定义。

了解电动车国内外发展现状。

了解国内外电动车发展趋势。

能力目标：

能够收集与整理相关技术文献资料。

相关知识

在我国经济发展“十五”和“十一五”期间，分别启动了“863”计划电动汽车重大科技专项和“863”计划节能与新能源汽车重大项目。其中明确指出：新能源汽车是指采用非常规的车用燃料作为动力来源（或使用常规的车用燃料，采用新型车载动力装置），综合车辆的动力控制和驱动方面的先进技术，形成的技术原理先进、具有新技术、新结构的汽车。新能源汽车包括电动汽车、气体燃料汽车、生物燃料汽车、氢燃料发动机汽车、太阳能等其他新能源汽车。

电动汽车（Electric Vehicle，EV）指全部或部分用电能驱动电机作为动力系统，用于驱动车轮行驶的汽车。驱动电动汽车的电力常见的有各种蓄电池、燃料电池、太阳能电池等。电动汽车大致分为纯电动汽车（Battery Electric Vehicle，BEV）、混合动力电动汽车（Hybrid Electric Vehicle，HEV）、燃料电池电动汽车（Fuel Cell Electric Vehicle，FCEV）等类型。纯电动汽车是指以车载电源为动力，用电机驱动车轮行驶，符合道路交通、安全法规各项要求的车辆。混合动力电动汽车是指同时具备两种以上车载动力源（如传统内燃机热动力源、电动力源等），单独或耦合后作为动力系统，用于驱动车轮行驶的车辆。燃料电池电动汽车是指采用燃料电池作为电源，用电机驱动车轮行驶的车辆。随着环境保护概念深入人心和国际原油供应的持续紧张，多数发达国家的研究机构和汽车厂商都加大了对新能源汽车技术的研发投资，以替代传统以石油为燃料的汽车，形成了多种技术共同发展的局面，其中部分技术已经在商业化领域取得了重要成功。以美国、德国、日本和中国为代表的国家，特别是通用、福特、大众、宝马、丰田、本田、比亚迪等主要汽车厂商根据本国和公司的实际情况，先后采取了不同的新能源汽车技术发展策略，成功研发了多款电动概念车型和应用车型，其中一些成熟的技术已经投放市场，实现量产。而新能源汽车领域，电动汽车以其高能量利用率和优异的排放性能，成为新能源汽车的主力。中国作为电动汽车发展最快的国家之一，已经成为世界电动汽车研发和生产的主力。

纵观整个汽车工业发展的历史，电动汽车的发展历程是十分曲折的，从 1834 年世界第一辆电动汽车诞生开始，直到 2017 年电动汽车在全球各地广泛使用，电动汽车产业已经发展了近两个世纪。至此，电动汽车无论在种类、技术、性能上都得到空前的突破，纯电动汽车、混合动力电动汽车和燃料电池电动汽车主要引领电动汽车的发展历程。电动汽车的发展历程可以分为四个主要阶段，即电动汽车的诞生、电动汽车重新兴起、混合动力电动汽车等车型的发展和纯电动汽车市场化发展。

学习任务一　了解电动汽车的发展及现状

问题引导1　电动汽车的发展历程是怎样的？

1834 年，苏格兰人托马斯·德文博特（Thomas Davenport）发明了世界第一辆不可充电的干电池汽车，这也是世界上最早的电动汽车（图 1-1）。1873 年，英国人罗伯特·戴维森（Robert Davidsson）制作了世界上最初的可供实用的电动汽车。这比德国人戴姆勒（Gottlieb Daimler）和本茨（Karl Benz）1886 年发明汽油发动机汽车早了 10 多年。到了 19 世纪末 20 世纪初期，电动汽车是主要的交通工具，美国汽车市场上，电动汽车、内燃机汽车和蒸汽机汽车基本均分市场份额。20 世纪 30 年代后，随着内燃机性能的改善，内燃机汽车开始采用大规模流水线生产，成本大幅降低，从而得以高速发展并普及，而电动汽车由于续驶里程短等原因逐渐被冷落，以至从市场上消失。

图 1-1　世界第一辆电动汽车

20 世纪 60 年代末 70 年代初石油危机爆发，汽油价格持续暴涨，西方国家对电动汽车重新加以重视。由于大量燃油汽车的使用造成城市严重的环境污染，加上政府主导引领企业参与，开始对电动汽车研发增加资金支持，各地纷纷建立研发基地，各方对电动汽车的市场期望不断升高，导致了新一轮电动汽车研发高潮的到来。1965 年电动车被日本正式列入国家项目，1971 年日本通产省制订了“电动车的开发计划”，对电动车的发展有了一个明确的规划，其中对购买电动车的用户还制订了优惠补贴措施。1975 年，美国邮政服务公司从美国汽车公司购买了 350 辆电动吉普车，用于试验运营。这一行动表明了政府对电动车的鼓励态度。1990 年，加利福尼亚州议会通过一项《ZEV 法案》，要求在 1998 年的汽车总销售量中，必须有 2% 的零排放污染汽车。到 2000 年，零排放污染汽车应占汽车总销售量的 3%。2001 年达 5%；而 2003 年增至 10%。随后，美国东部的 10 个州也效仿加利福尼亚州的做法，出台了相应的零排放法案。由此代表着电动汽车的重新兴起。

随着人们对可再生能源和可持续发展认识的提高，世界上越来越多的公司在混合动力电动汽车和纯电动汽车领域开展研发。1997 年，日本的丰田汽车公司（Toyota）率先推出了世界上第一款量产的混合动力电动汽车丰田普锐斯（Pruis），从而奠定了日本在世界范围混合动力电动汽车领域的领先地位。在丰田汽车公司的带动下，世界其他汽车厂商也纷纷推出旗下的全新混合动力电动汽车，产销规模逐渐增大，其中许多车型表现出了优良的节能和环保性能，这标志着混合动力电动汽车市场已经成功起步，并且日趋成熟。1965 年世界首款氢能动力汽车诞生，1980 年我国也成功地制造出了自己的氢能动力汽车。

20 世纪 90 年代末，以纯电动汽车为代表的电动汽车产业得到了前所未有的快速发展，主要体现在技术进步呈现多元化趋势，从电动汽车的整车到关键技术都全面获得提升，在核心技术上实现继承式和跨越式的发展。通用汽车公司是第一家使用现代化批量生产的方式，生产和销售纯电动汽车的公司。

问题引导2：世界电动汽车产业的发展现状是怎样的？

2017年年底EV Sales公布了2017年1～9月份汽车集团全球电动车销量前十一排名，雷诺日产联盟收购三菱之后毫无悬念地排在第一地位置，特斯拉排在第二位，比亚迪上升至第三位。值得注意的是中国品牌比亚迪、北汽、吉利和上汽的销量均已入围世界前十。全球汽车工业为破解能源、环境的制约，实现可持续发展，特别是2008年以来，面对金融危机、国际油价高位振荡和日益严峻的节能减排压力，世界汽车产业进入全面交通能源转型时期，世界电动汽车产业进入了加速发展的新阶段。

1）各国政府相继发布电动汽车发展战略和国家计划，进一步为产业发展指明了方向。例如，美国政府实施绿色新政，把电动汽车作为国家战略的重要组成；日本把发展电动汽车作为“低碳革命”的核心内容，并计划普及包括电动汽车在内的“下一代汽车”目标；德国政府计划普及纯电动汽车和插电式混合动力汽车，并宣称该计划的实施，标志着德国将进入电动汽车时代。国家战略的发布实施，对产业发展有着十分重要的导向作用，必将进一步加快国际电动汽车产业发展的进程。

2）动力蓄电池得到高度重视，研发投入急剧增加，电动汽车技术瓶颈突破的预期大大增强。美国政府2009年8月宣布安排24亿美元支持PHEV（插电式混合动力电动汽车）的研发与产业化，其中20亿美元用来支持先进动力蓄电池的研发和产业化。日本政府提出“谁控制了电池，谁就控制了电动汽车”，并组织实施国家专项计划。2018年日本宣布以举国之力研发新电池，日本新能源产业技术综合开发机构将与丰田汽车和松下等企业启动新一代高效电池——“全固体电池”核心技术的开发。德国在未来3年，将在动力蓄电池系统开发中投入超过400亿欧元的资金。为满足2035年的欧盟市场需求，预计将需要270GWh的动力蓄电池规模总量。

3）各国政府加大政策支持力度，全力推进电动汽车产业化。政府加大对消费者的政策激励，加快电动汽车的市场培育。

问题引导3：我国电动汽车产业的发展现状是怎样的？

我国电动汽车的研究与发展大体上是从20世纪80年代开始的。在电动汽车及产业的发展过程中，我国政府一直给予高度重视与大力支持。1991～1995年，国家计划委员会和科技委员会就把电动汽车关键技术研究正式列入国家科技重点攻关项目。1996～2000年，我国开始推广电动汽车，科学技术部把电动汽车列入国家重大产业工程项目，完成了纯电动汽车先导车的研制和全新纯电动轿车概念的开发，建成了我国电动汽车运行试验示范区。2001～2005年，科学技术部组织实施国家“863”计划“电动汽车重大专项”，期间投入9.5亿元研发经费。专项确立了“三纵三横”的国家电动汽车研发布局（图1-2），确定发展纯电动汽车、混合动力电动汽车和燃料电池电动汽车三项整车技术（为“三纵”），以及多能源动力总成控制系统、电机驱动与控制单元系统和动力蓄电池与电池组管理系统三项关键零部件技术（为“三横”）。

通过十几年，特别是2001~2005年期间的重点攻关，我国逐步围绕纯电动客车和纯电动轿车形成了一个品种齐全、配套能力较强的产品技术链。在使用大容量锂离子动力蓄电池方面攻克了成组使用、充放电性能、安全性能和快速更换等技术难题，技术逐渐成熟。2006年开始，随着相关技术的进步和国家政策的大力支持，电动汽车产业得到快速发展，启动新一轮电动汽车推广应用工作。

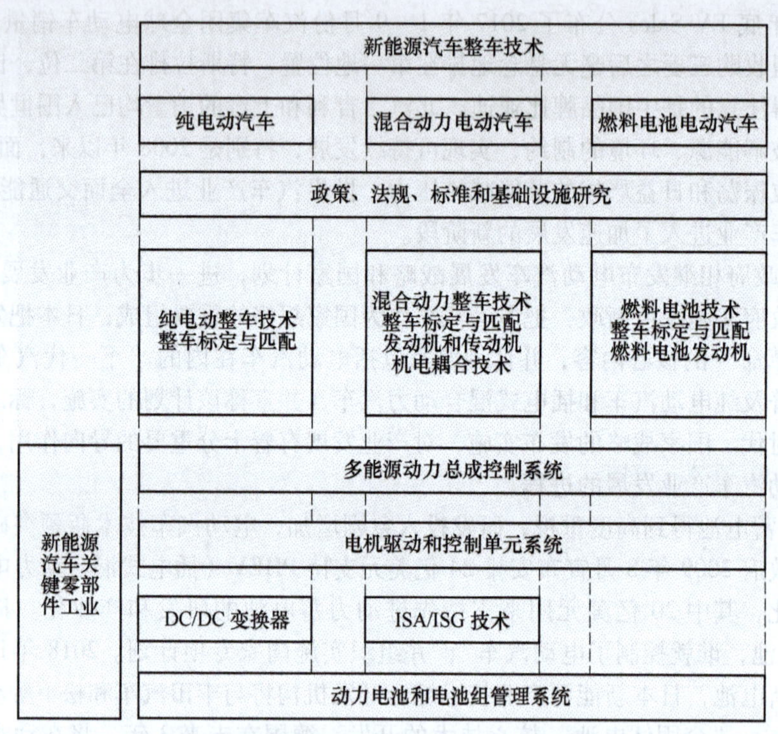

图 1-2 我国电动汽车研发布局（“三纵三横”）

目前，我国混合动力电动汽车与纯电动汽车技术和应用都已取得很大进展，燃料电池电动汽车还处于起步期。电池技术研发方面，我国自主研发的镍氢和锂离子动力蓄电池系列产品，能量密度和功率密度接近国际水平，同时突破安全技术瓶颈，在世界上首次规模应用于城市公交系统。我国纯电动汽车整车产品技术和产业化基础，与国际基本同步，而且在某些领域还具有独特优势，其中纯电动客车不仅实现国产化，而且已成功出口到美国、英国、荷兰等西方国家。随着我国经济的持续快速发展，居民可支配收入水平不断提高，为我国的电动汽车产业化发展提供了强大的动力。电动汽车产业的生产形成规模化生产以后，成本将大幅下降，这将促使电动汽车的广泛普及，使其占据国内较大的市场份额。

学习任务二 电动汽车的结构组成认知

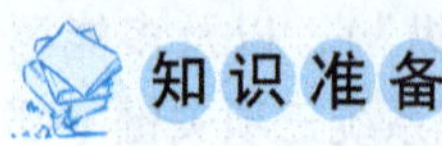

电动汽车系统可以分为四个子系统，即动力系统、电气系统、车身系统和底盘系统。电

动汽车的动力系统由电池系统、电机系统和电控系统等组成。通常，电动汽车的电池系统由储能装置（如各类蓄电池、超级电容、燃料电池、高速飞轮等）、电池箱、冷却系统及温度传感器等组成。而电机系统则由电机（如直流电机、异步电机、永磁电机、磁阻电机等）、温度传感器、电机冷却系统及变速机构等部分组成。电控系统主要由整车控制系统、电池管理系统、电机控制器、功率变换器及各种辅助系统控制器等组成。电动汽车的电气系统包括低压电气系统、高压电气系统和整车网络化控制系统。车身系统包括车身壳体、车前板制件、车门、车窗、车身外部装饰件和内部装饰件、座椅以及通风、暖气、空调装置等。底盘系统包括悬架、传动轴、差速器、底盘电控系统、轮毂、轮胎、转向系统、制动系统等。

与燃油汽车相比，电动汽车的结构特点是具有很大灵活性。具体表现为：第一，能量传递方式不同，电动汽车的能量主要通过柔性的电缆电线，而不是通过刚性联轴器和传动轴传递，因此电动汽车各部件的布置具有很大的灵活性。第二，电动汽车驱动系统的布置不同，如采用四轮驱动或轮毂电动驱动系统等，会使系统机构与传统车辆区别很大，采用不同类型的电机也会对汽车的结构、质量、尺寸和形状等产生较大影响。第三，储能装置不同，不同类型的储能装置也会对电动汽车的结构、质量、尺寸和形状产生影响。另外，能源补充不同，不同的能源补充装置需要不同的硬件和机构，同时能源补充的方式也不尽相同，这对整车的结构产生影响。

问题引导 1：电动汽车的结构类型有哪些？

电动汽车应用范围很广，分类也较复杂。由于电动汽车的结构复杂，形式多样，进行必要的分类，对认识电动汽车和熟悉电动汽车非常必要。电动汽车可以从能源类型、驱动结构和车辆速度上进行分类。按照使用和用途分类比较简单，即根据电动汽车的主要装载物及功能进行区分，可分为载客电动汽车、载货电动汽车、电动轿车、电动观光汽车、电动工具车等。部分电动汽车的功能复杂，可能存在以上叙述的多种功能，这样的汽车称为多功能电动汽车。下面将根据电动汽车的电力驱动系统、储能装置和速度进行电动汽车结构类型介绍。

1. 电动汽车电力驱动系统的结构类型

电力驱动系统是电动汽车的核心，也是电动汽车区别于内燃机汽车的最大不同点。电动汽车对驱动系统的要求很高。一般认为，驱动系统应符合下列要求：

1）瞬时功率大，短时过载能力强，以满足爬坡及加速的需要。

2）调速范围宽广。

3）在运行的全部速度范围和负载范围内，具有较高的效率，也就是在电机所有工作范围内综合效率高，以尽量提高电动汽车一次续驶里程。

4）可靠性高，使用方便简单，价格低廉。

5）功率密度高，体积小，质量小。

一般地，驱动系统由电气和机械系统组成。电气系统由电子控制器、功率变换器、驱动电机组成；机械系统由机械传动装置和车轮组成。驱动系统的功能是将储存在蓄电池中的电能高效地转化为车轮的动能进而推进汽车行驶，并能够在汽车减速制动或下坡时，实现再生制动。

根据驱动轮所施加驱动转矩的来源，电动汽车所采用的驱动方式总体上可分为两种：集中驱动和车轮独立驱动。

集中驱动利用一个动力源通过变速器和减速器（或只通过减速器）降速增矩，最后经差速器将驱动转矩大致平均地分配给左右驱动半轴，可以采用前轮驱动、后轮驱动或四轮驱动的形式，其结构如图1-3所示。车轮独立驱动利用多个动力源分别驱动单个车轮，可以分为两轮独立驱动和四轮独立驱动，其结构如图1-4所示。

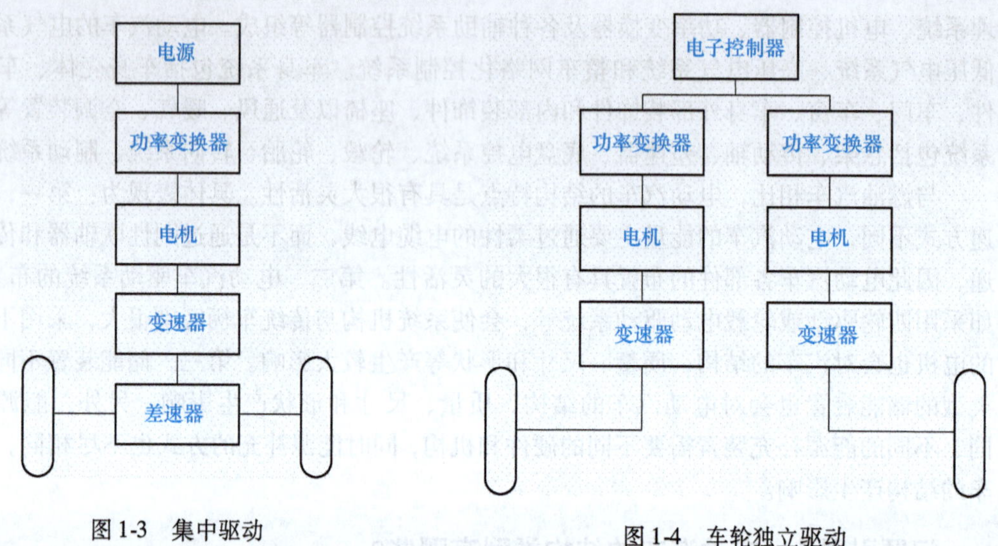

图1-3 集中驱动

图1-4 车轮独立驱动

现代电动汽车常用的电机驱动系统有：直流电机驱动系统、永磁同步电机驱动系统、异步电机驱动系统、永磁无刷电机驱动系统和开关磁阻电机驱动系统等。

（1）直流电机驱动系统　直流电机驱动系统采用有刷直流电机，电机控制器一般采用斩波器控制方式。它具有成本低、易于平滑调速、控制器简单、控制相对成熟等优点。但由于需要电刷和换向器，结构复杂，运行时有火花和机械磨损，所以电机运行转速不宜太高。尤其是对无线电信号的干扰，这对高度智能化的未来电动汽车是致命的弱点。直流电机驱动系统在电动汽车领域应用不多。

（2）永磁同步电机驱动系统　永磁同步电机是转子上带有永久磁铁的交流电机。与其他驱动电机相比，永磁同步电机最大的特点是功率密度高，或者说，在相同的体积和重量下，永磁同步电机能够为电动汽车提供最大的动力输出。其缺点是转子的永磁材料在高温、振动和过载情况下容易产生磁性衰退现象。

（3）异步电机驱动系统　这种电机结构简单，制造容易，效率比直流电机高，与永磁无刷电机、开关磁阻电机相比，成本最为低廉，但控制较为复杂。总的来说，异步电机驱动系统的综合性价比具有一定的优势，尤其是异步电机的高可靠性、免维护、成本低廉的优点，使其广泛用于电动汽车，尤其是电动公交客车上面。

（4）永磁无刷电机驱动系统　永磁无刷电机驱动系统效率高是其最大特点，重量轻、体积小，也无须维护。与异步电机相比，永磁无刷电机成本较高，可靠性和使用寿命也较差，同时永磁体还存在失磁的可能。在控制上，由于永磁体的存在，弱磁控制有一定的难度，因此限制了这种电机系统在电动汽车上的大量使用。长远来看，随着稀土永磁材料作为一个行业不断发展壮大，不论是从成本上，还是从性能上，永久磁钢都有长足的进步，永磁无刷电机在电动汽车上有广阔的应用前景。

（5）开关磁阻电机驱动系统　该电机转子没有绕组做成凸极，结构简单，可靠性高，快速响应好，效率与异步电机相当。由于转子无绕组，该电机系统特别适合频繁的正反转及冲击负载等工况。开关磁阻电机驱动系统驱动电路采用的功率开关元件较少，电路简单，能较方便地实现宽调速和制动能量的反馈。因此，这种系统在电动汽车中有一定的应用。其缺点主要在于其结构带来的噪声和振动较大。

2. 电动汽车储能装置的结构类型

除了采用不同的电力驱动系统会对车辆结构产生影响外，采用不同类型的储能装置，如不同的蓄电池、燃料电池、超级电容和飞轮动能电池等，也会构成不同的电动汽车结构形式。评价电动汽车储能装置性能的重要指标是比能量和比功率。比能量又称为能量密度，是指储能装置单位重量或单位体积对外输出的能量，比能量指标影响电动汽车的续驶里程。比功率又称为功率密度，是描述电池在瞬间能放出能量的能力，比功率指标影响电动汽车的加速性能。

1）最常见的一种就是采用纯电池供电的电动汽车。该种电动汽车的储能及控制相对简单，整车使用动力蓄电池这一种储能装置。该种结构的车辆由单一的动力蓄电池供电，在新能源车辆的划分上，称为纯电池电动汽车（Battery Electric Vehicle，BEV）。目前，动力蓄电池的种类非常繁多，从铅酸蓄电池、镍氢蓄电池、镍镉蓄电池、硅蓄电池到锌空气蓄电池等，都属于动力蓄电池的范畴。

2）除了蓄电池外，还可以用燃料电池作为储能装置，对于电动汽车来说，燃料电池相当于一个小型的发电机。目前，燃料电池的种类较多，常见的就是氢燃料电池。氢燃料电池的原理就是利用可逆的电解过程，在特定的介质和工况下，氢气和氧气结合，产生电能和水。

3）超级电容的出现使电动汽车有了一个新的选择。超级电容类似于蓄电池，但是其工作原理完全不同。超级电容以物理方式储存电能。目前，也有许多汽车单纯用超级电容作为能量源驱动汽车。与动力蓄电池相比，超级电容器的特点是比功率高而比能量低，通常不单独使用，而作为配合动力蓄电池的辅助储能装置。

4）与超级电容类似，高速飞轮也是一种高比功率和高制动能量回收的储能器，而且高速飞轮也是一种物理储能。高速飞轮既是一个发电机，也是一个电动机。当作为能量源时，作为一个发电机，将飞轮高速运转的动能转化为电能；当充电时，又能将电能转化为飞轮的动能储存起来。这种飞轮和蓄电池混合能量源的结构，选用的电池需具备高比能量。

5）由于一种动力蓄电池存在不能同时满足比功率和比能量的问题，有些电动汽车则采用了两种不同的储能装置，其中一种可以提供高的比能量，而另一种可以提供高的比功率。两种电池作为混合能量源的基本结构，这种结构不仅解决了比功率和比能量的矛盾，而且还可以在车辆的制动能量回收方面起到较为显著的效果。

6）因为目前蓄电池的比能量和比功率还不能完全让人们满意，特别是蓄电池的充电方面，不能像普通的燃油汽车一样随时加油。为了获得更长的续驶里程，就出现了一种在蓄电池后面加装一组传统燃油发动机带动的发电机组。车辆以电力驱动，正常情况下用蓄电池提供能量驱动，在蓄电池电能不足时，发动机起动，带动发电机给蓄电池充电，以获得更长的续驶里程。该结构的汽车不能完全实现零排放，但是如果发动机和发电机合理配备，确保发动机以最经济的工况工作，相对传统汽车，还是能够明显减少排放的。

3. 电动汽车按行驶速度分级

电动汽车按照车速可分为低速电动汽车、中速电动汽车、高速电动汽车和极速电动汽车等。这里所谓的车速是指车辆的行驶速度能力，主要以车辆设计的最高车速表达。对于电动汽车，车辆的速度也是影响性能的关键因素，针对车辆的用途，车辆设计的最高时速也不尽相同。

（1）低速电动汽车　一般来说，最高车速低于30km/h的电动汽车，称为低速电动汽车，如各种电动工具车、电动平板车等。

（2）中速电动汽车　最高车速在30～60km/h的电动汽车，称为中速电动汽车。这类汽车类型较多，如电动观光车、电动高尔夫车等。

（3）高速电动汽车　高速电动汽车的最高设计速度一般在60～180km/h，这类汽车主要是一些乘用车或轿车类的载客汽车。目前大多数载人电动汽车均属于这一范围。

（4）极速电动汽车　极速电动汽车是指为追求高速度的驾驶体验而设计的电动汽车，目前最快的电动汽车已经达到传统汽车的最高行驶速度。这类汽车最高设计速度超过了200km/h，甚至超过300km/h。目前的极速电动汽车绝大多数是试验车或概念车，没有量产，而且造型特殊具备流体力学的外观和特殊的稳定机构，如图1-5、图1-6所示。据有关数据介绍，由美国俄亥俄州立大学设计的锂电池电动汽车更是达到了前所未有的491km/h的速度（该速度还有待国际汽车联合会的认可）。虽然是一种追求速度的实验性电动汽车，但是这已经表明了电动汽车的速度性能可以不亚于传统汽车。

图1-5　美国俄亥俄州立大学设计制造的纯电动汽车

图1-6　标致EX1

问题引导2：电动汽车的行驶性能如何评价？

电动汽车的操纵稳定性、平顺性及通过性与传统车辆相同。电动汽车的能量供给和消耗，与储能设备密切相关，直接影响电动汽车的动力性和续驶里程。对于电动汽车的特性更加关注的是其动力性和续驶里程。

1. 电动汽车的动力性

和传统汽车一样，电动汽车的动力性也可用最高车速、驾驶性能和最大爬坡度来进行描述。但是与燃油汽车不同的是，电机存在不同的工作制，如1min工作制、5min工作制和30min工作制等，即存在瞬时功率、连续功率和小时功率，在描述或评价电动汽车的动力性时，要进行说明。

1）电动汽车的最高车速是指汽车在无风条件下，在水平、良好的硬路面上所能达到的最高车速。现在电动汽车的最高车速已经大大提高，甚至超越了传统汽车。

2）电动汽车的加速能力是用汽车原地起步的加速能力和超车加速能力来表示的，通常采用电动汽车加速过程中所经过的加速时间和加速距离作为评价汽车的加速性能指标。

3）电动汽车的爬坡能力是指汽车在良好路面上，以低车速行驶上坡的最大坡度，坡度值一般用百分比来表示。对于电动汽车而言，不同的用途和使用工况，对汽车的爬坡能力的要求是不一样的。

2. 电动汽车的续驶里程

电动汽车的续驶里程也是评价电动汽车性能的关键因素。由于传统汽车是采用燃油作为能源的，无论是柴油还是汽油，在车辆油料不足时，通常在加油站即可以快速补充，因而于传统车辆而言，续驶里程不是其关键的评价因素。电动汽车则不然，除了燃料电池电动汽车外，其他电动汽车均需要充电，而充电的过程相对来说较长，一旦电量用完，必须回到特定的充电站来进行充电。因此，电动汽车的续驶能力是电动汽车的一个重要指标。

续驶能力是指车辆在特定工况下，可以连续行驶的最大距离。对于电动汽车而言，续驶能力又有标定续驶能力和普通工况续驶能力之分。标定续驶能力是指按照国家相关规定，车辆加载规定的载荷在无风、温度适宜条件下，在平直无坡的硬路面上连续行驶所能行驶的最大距离。在这一过程中，有着严格的控制，如载荷、风速、温度、路面条件、转弯、行驶速度、停车时间等都要符合要求。目前标定续驶里程还可以在制定工况下在测功机上进行测试。标定续驶能力是国家规定的一种电动汽车的续驶能力的标准，也便于区别不同车辆的性能。但是在电动汽车的实际使用过程中，由于工况和路况都比较复杂，实际续驶能力与标定续驶能力有很大不同。即使同一辆电动汽车在不同的工况和路况下，续驶能力也是不一样的。

学习任务三 了解我国对电动汽车生产的要求

任何车辆都需要符合国家或行业的相关标准和法规，这是一个合格产品的首要条件。针对设计人员来说，电动汽车的标准和法规就是设计准则。所设计的产品或所选用的零部件均要符合这一要求。

自从电动汽车出现开始，有关电动汽车的法律法规和标准便不断产生。标准内容规定越来越细，要求也越来越高，同时也越来越专业化、系统化和针对性强，而且标准也在不断地更新。因此对国家的相关法律法规以及标准要有所了解，尤其是纯电动汽车的设计人员，更要详细阅读，认真比对，对标准和法规中所规定的性能要求和参数要求要严格执行。下面列举电动汽车的使用、安全、性能和环境保护四个方面的电动汽车标准。

1. 使用方面

1）GB/T 19596—2017《电动汽车术语》。

2）GB/T 18487. 1—2015《电动汽车传导充电系统　第 1 部分：通用要求》。

3）GB/T 18487. 2—2017《电动汽车传导充电系统　第 2 部分：非车载传导供电设备电磁兼容要求》。

4）GB/T 18487. 3—2001《电动车辆传导充电系统　电动车辆交流/直流充电机

（站）》。

5）GB/T 18488.1—2015《电动汽车用驱动电机系统　第1部分：技术条件》。

6）GB/T 18488.2—2015《电动汽车用驱动电机系统　第2部分：试验方法》。

7）GB/T 19836—2005《电动汽车用仪表》。

8）GB/T 24548—2009《燃料电池电动汽车整车　术语》。

9）GB/T 24158—2009《电动摩托车和电动轻便摩托车通用技术条件》。

2. 安全方面

1）GB/T 18384.1—2015《电动汽车　安全要求　第1部分：车载可充电储能系统(REESS)》。

2）GB/T 18384.2—2015《电动汽车　安全要求　第2部分：操作安全和故障防护》。

3）GB/T 18384.3—2015《电动汽车安全要求第3部分：人员触电防护》。

4）GB/T 4094.2—2005《电动汽车操纵件、指示器及信号装置的标志》。

5）GB/T 20234.1—2015《电动汽车传导充电用连接装置　第1部分：通用要求》。

6）GB/T 20234.2—2015《电动汽车传导充电用连接装置　第2部分：交流充电接口》。

7）GB/T 20234.3—2015《电动汽车传导充电用连接装置　第3部分：直流充电接口》。

8）GB/T 24549—2009《燃料电池电动汽车　安全要求》。

3. 性能方面

1）GB/T 18385—2005《电动汽车　动力性能　试验方法》。

2）GB/T 18386—2017《电动汽车　能量消耗率和续驶里程　试验方法》。

3）GB/T 18387—2017《电动车辆的电磁场发射强度的限值和测量方法》。

4）GB/T 18388—2005《电动汽车　定型试验规程》。

5）GB/T 19750—2005《混合动力电动汽车　定型试验规程》。

6）GB/T 19752—2005《混合动力电动汽车　动力性能　试验方法》。

7）GB/T 24554—2009《燃料电池发动机性能试验方法》。

8）GB/T 24156—2009《电动摩托车和电动轻便摩托车　动力性能　试验方法》。

9）QC/T 791—2007《电动摩托车和电动轻便摩托车　定型试验规程》。

4. 环境保护方面

1）GB/T 19753—2013《轻型混合动力电动汽车能量消耗量试验方法》。

2）GB/T 19754—2015《重型混合动力电动汽车能量消耗量试验方法》。

3）GB 19755—2016《轻型混合动力电动汽车污染物排放控制要求及测量方法》。

4）GB/T 24157—2017《电动摩托车和电动轻便摩托车续驶里程及残电指示试验方法》。

以上标准中的专业术语见书中附录A。

思　考　题

1. 简述新能源汽车与电动汽车的含义。
2. 简述电动汽车的发展历程。
3. 简述电动汽车的基本构造。
4. 简述电动汽车的分类。

项目二　车辆动力装置

学习目标：

了解电动汽车动力装置类型、功能和特色。

掌握燃油发动机工作原理、基本组成和特性。

掌握常用驱动电机工作原理、基本结构和工作特性。

能力目标：

能够对电动汽车动力装置原理、结构和性能分析。

电动汽车除了纯电动汽车外，还包含混合动力汽车。混合动力汽车通常采用燃油发动机和驱动电机两种动力装置形式。

学习任务一　内燃机动力装置认知

知识准备

内燃机通常指传统汽车燃油发动机。该装置通过燃料的燃烧，将燃料化学能转变为热能，再通过机械转换装置输出机械能。

问题引导1：内燃机用动力源是什么？

传统内燃机使用的燃料主要是汽油和柴油，分别称为汽油发动机和柴油发动机。随着世界范围出现能源危机和环保减排认知提高，出现了替代燃料，如液化天然气（LNG）、压缩天然气（CNG）、液化石油气（LPG）、氢气、甲醇和乙醇等。

问题引导2：四冲程发动机的原理是什么？

内燃机要获得机械动力输出，必须完成新鲜空气与燃料进气、混合、燃烧、膨胀、排废气等过程，过程中通过传动机构可以输出动力（矩）。过程必须持续不断循环才能获得机械动力。

汽车中普遍采用四冲程发动机。四冲程发动机是指通过实现进气、压缩、做功和排气四个行程完成一个循环的发动机，如图2-1所示。

（1）进气行程　进气行程如图2-1b所示，活塞在曲轴带动下由上止点（即最高位置点）向下止点（即最低位置点）运行，这时进气门打开，排气门关闭。在活塞移动过程中气缸容积逐渐增大，形成一定的真空度，这样，可燃混合气通过进气门被吸压入气缸，直到活塞到达下止点，进气行程结束。

（2）压缩行程　压缩行程如图2-1c所示，活塞在曲轴带动下由下止点向上止点运行，这时进气门和排气门均关闭。在活塞移动过程中气缸容积逐渐减小，形成燃烧室内的高压混

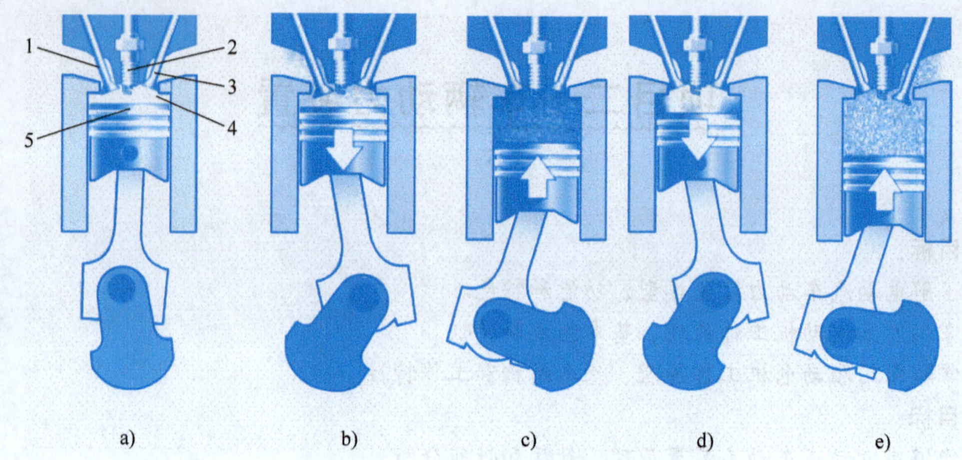

图 2-1　四冲程发动机工作循环原理

a）结构　b）进气　c）压缩　d）做功　e）排气

1—进气门　2—火花塞　3—排气门　4—燃烧室　5—活塞

合气，直到活塞到达上止点，压缩行程结束。

（3）做功行程　做功行程如图 2-1d 所示，这时进气门和排气门仍关闭。高压可燃混合气燃烧，高温高压气体发生膨胀，推动活塞由上止点向下止点运行，通过活塞连杆机构，带动曲轴及飞轮旋转输出机械能，直到活塞到达下止点，做功行程结束。

在压缩行程结束时刻，汽油机通过点燃混合气（柴油机通过压缩混合气发生自燃），实现混合气燃烧膨胀。

（4）排气行程　排气行程如图 2-1e 所示，活塞在曲轴带动下由下止点向上止点运行，这时进气门关闭、排气门打开。在活塞移动过程中气缸内燃烧后废气通过排气门排入到排气歧管，直到活塞到达上止点，排气行程结束。

以上 4 个行程组成单缸工作循环即做功循环。不断重复做功循环，单缸发动机可以连续运转，输出动力。

四冲程发动机是指完成 1 个做功循环需要活塞经过两个来回，同时对应曲轴转动 2 圈即 720°完成一个做功循环的发动机。同理，二冲程发动机是指活塞经过 1 个来回，对应曲轴转动 1 圈即 360°完成 1 个做功循环的发动机。类似地，用转子取代活塞，转子转动 1 圈即 360°完成 1 个做功循环的发动机称为转子发动机。

问题引导 3：发动机的基本结构是怎样的？

一般活塞四冲程汽油机划分为两大机构和五大系统，即曲柄连杆机构、配气机构；燃料供给燃烧排放系统（包括进气系统、供油系统和排气系统）、冷却系统、润滑系统、点火系统和起动系统。柴油机是靠混合燃料在气缸内压缩自燃，所以不需要点火系统。汽油机属于点燃式发动机，柴油机属于压燃式发动机。

1. 曲柄连杆机构

曲柄连杆机构可给发动机提供封闭燃烧室空间，提供混合气燃烧膨胀空间，通过活塞、连杆和曲轴等零部件运动，可将活塞的直线往复运动转变为曲轴的旋转运动而输出动力。曲柄连杆机构包括机体组、活塞连杆组和曲轴飞轮组。

机体组（图 2-2）是发动机的骨架，安装着发动机的所有主要零件和附件。它主要包括气缸体、气缸套、气缸盖、气缸垫和油底壳。

气缸体上部有提供活塞往复运动做功场所的气缸，下部有动力输出的曲轴支撑孔，机体内部有许多加强肋、冷却水道和润滑油道等，机体最下部与存储发动机润滑油的油底壳螺栓紧固密封。

气缸盖通过气缸垫安装在气缸体上面，从上部密封气缸，与活塞顶部和气缸壁配合，一起构成燃烧室。气缸盖上还装有进、排气门座和气门导管孔，用于安装每个气缸的进、排气门和进、排气道等。汽油机的气缸盖上加工有安装火花塞的孔，而柴油机的气缸盖上加工有安装喷油器的孔。此外，气缸盖通常也是配气机构凸轮轴轴承安装的基体。

活塞连杆组和曲轴飞轮组如图 2-3 所示。

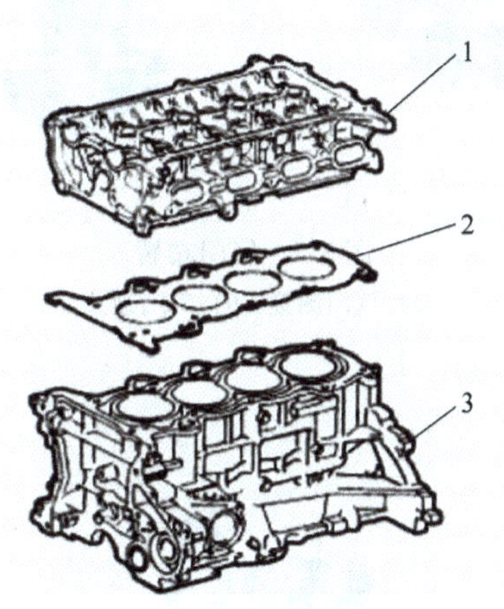

图 2-2　机体组的基本组成

1—气缸盖　2—气缸垫　3—气缸体

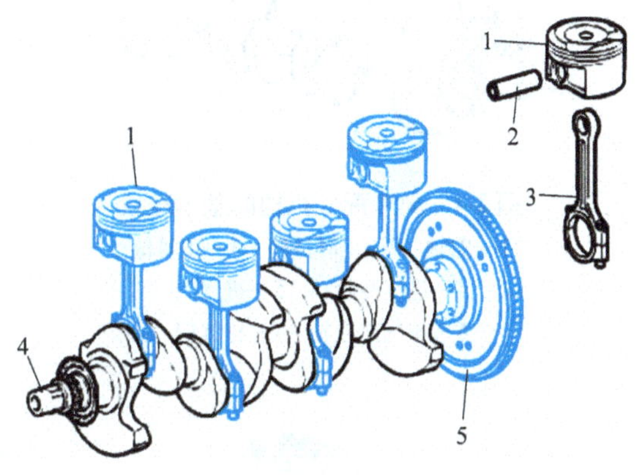

图 2-3　活塞连杆组和曲轴飞轮组的基本组成

1—活塞　2—活塞销　3—连杆

4—曲轴　5—飞轮

活塞连杆组包括活塞、活塞环（气环和油环）、活塞销、连杆等。活塞用于承受在做功冲程中燃烧气体产生的压力，并将膨胀推力通过活塞销传递给连杆。连杆小头连接活塞销，连杆大头连接曲轴曲拐轴颈，将活塞往复运动转变为曲轴旋转运动。活塞环头部安装有气环和油环。气环用于保证气缸与活塞间的密封，防止漏气，并把活塞顶部吸收的大部分热量传递给气缸壁，由冷却液带走。油环有铺油和刮油的作用，防止润滑油通过气缸壁窜入燃烧室燃烧，同时减少活塞、活塞环与气缸壁的摩擦力。

曲轴飞轮组包括曲轴、曲轴主轴承、曲轴扭转减振器和飞轮等。曲轴是发动机的重要零部件之一，通过曲轴主轴承与气缸体连接。它与连杆配合将活塞上的气体膨胀力转变为旋转动力，通过固结的曲轴扭转减振器和飞轮传递给底盘的传动系统。同时，曲轴还驱动配气机构和其他发动机风扇、水泵和发电机等辅助装置。

2. 配气机构

配气机构根据发动机的工作顺序和各缸工作循环要求，定时开启和关闭进、排气门，使新鲜可燃混合气（汽油机）或空气（柴油机）及时进入气缸，或使气缸内燃烧后的废气及时排出。典型配气机构基本组成如图 2-4 所示。

配气机构结构按气门布置位置（图 2-5），可以划分为侧置式和顶置式；按凸轮轴的安装位置（图 2-6），划分为下置式、中置式和上置式三种形式；按凸轮轴传动方式分为齿轮传动、链条传动（图 2-4）和同步带传动（图 2-7）三种形式。

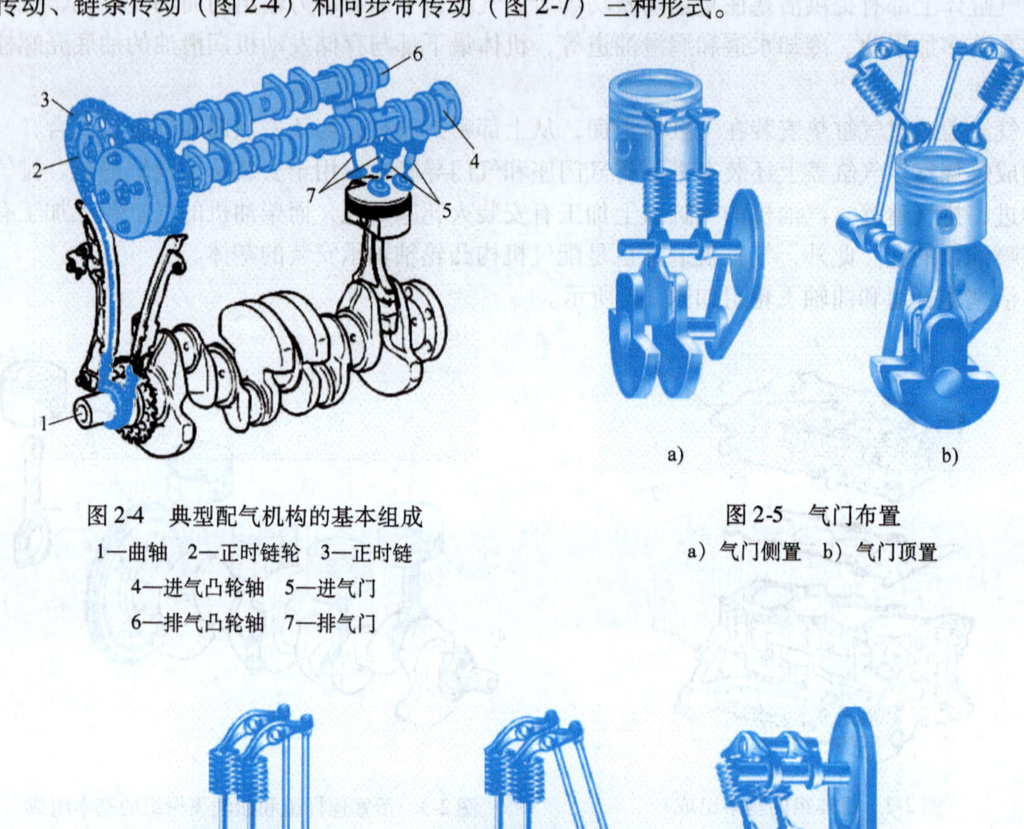

图 2-4　典型配气机构的基本组成

1—曲轴　2—正时链轮　3—正时链
4—进气凸轮轴　5—进气门
6—排气凸轮轴　7—排气门

图 2-5　气门布置

a）气门侧置　b）气门顶置

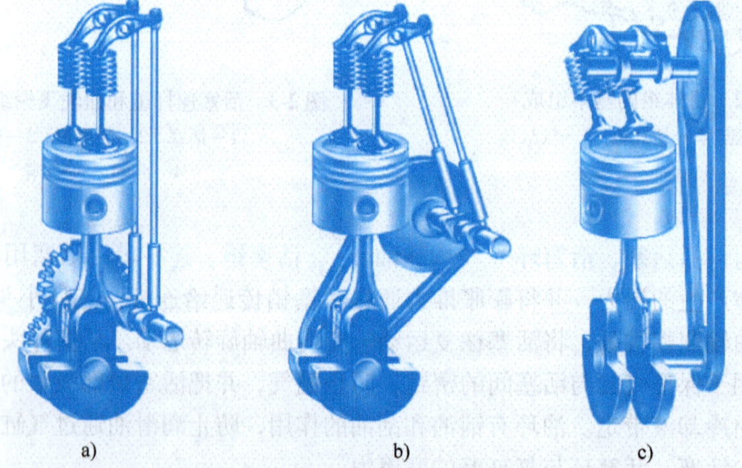

图 2-6　凸轮轴安装位置

a）下置式　b）中置式　c）上置式

通常，配气机构包括气门组、气门传动组。气门组（图 2-8）的作用是正确实现气门对气缸的可靠密封。零部件包括气门、气门弹簧座、气门导管和气门弹簧等。气门传动组将曲轴转角位置变化通过传动链或传动带带动凸轮轴，再通过推杆或摇臂驱动进、排气气门打开或关闭，实现进气或排气。气门传动组主要零部件包括凸轮轴、传动链或传动带、液压挺柱、推杆、摇臂总成，如图 2-4 ~ 图 2-7 所示。

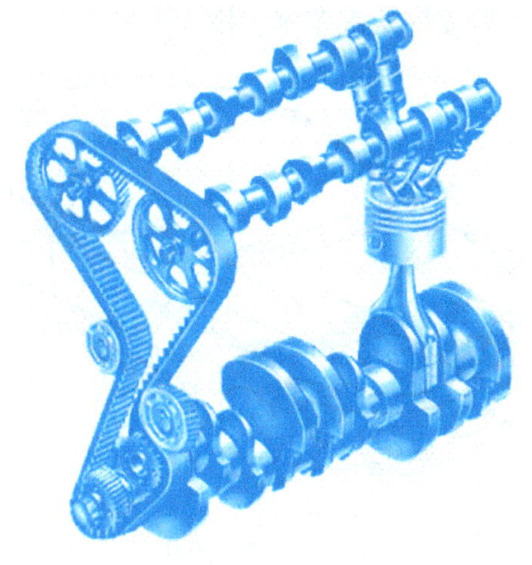

图 2-7 同步带传动配气机构

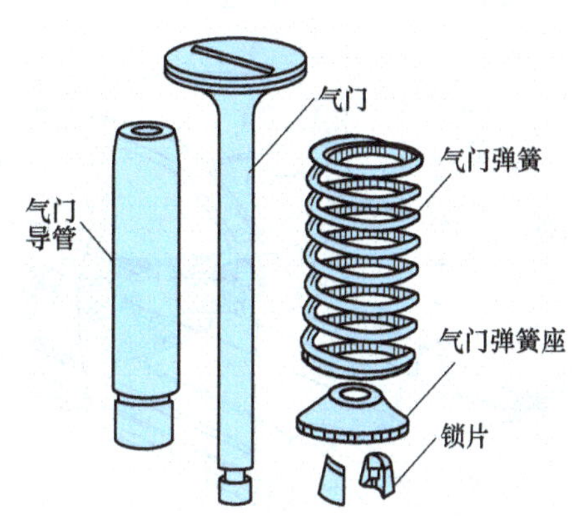

图 2-8 气门组的基本组成

3. 燃料供给与排放系统

燃料供给与排放系统的功用是将车外新鲜空气与车内燃油箱中一定量的燃油混合形成所需浓度的可燃混合气，燃烧做功完成后将燃烧废气排出发动机。燃料供给与排放系统包括进气系统、供油系统和排气系统。

进气系统（图 2-9）提供形成可燃混合气的新鲜空气。主要零部件包括空气滤清器、节气门体进气总管、进气歧管。

进气系统工作的基本路线：新鲜空气通过车辆前部进气口进入，经过进气管道进入空气滤清器中，去除尘埃和杂质后通过控制进气量的节气门体，之后通过进气总管进入进气歧管中，通过与进气歧管末端安装的喷油器喷出的雾化汽油混合，在各气缸进气门打开后可燃混合气吸入燃烧室。可燃混合气是指可以燃烧的汽油和空气的混合气。

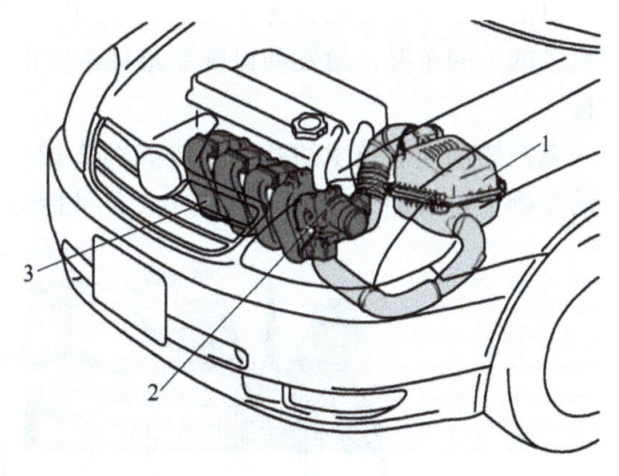

图 2-9 进气系统的基本组成

1—空气滤清器 2—节气门体 3—进气歧管

供油系统（图 2-10）提供形成可燃混合气的充足燃油。主要零部件包括油箱、燃油滤清器、电动燃油泵、燃油输送管、燃油分配管、燃油压力调节器、燃油脉动阻尼器和喷油器。

供油系统工作的基本路线：电动燃油泵将储油箱中的汽油吸出，经过燃油滤清器过滤后，由压力调节器调压，再通过输油管和输油总管输送给各缸喷油器喷油，喷油器一般由电控模块控制喷油量。

排气系统（图 2-11）的功用是实现燃烧废气从燃烧室排出，完成废气净化，降低噪声。其主要零部件包括排气歧管、排气总管、三元催化转换器、消声器、尾管等。

排气系统工作的基本路线：各缸做功后，可燃混合气变成废气，通过各缸排气门打开，废气进入排气歧管，之后汇集到排气总管，废气进入可转换并减少废气中有害成分的三元催化转换器后，通过排气管进入降低噪声的消声器，之后废气从汽车尾管排入大气。

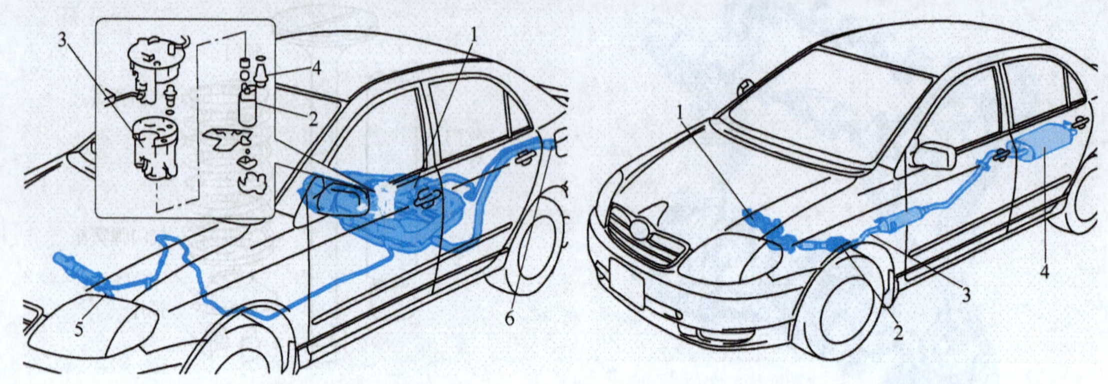

图 2-10　供油系统的基本组成
1—油箱　2—电动燃油泵　3—燃油滤清器
4—压力调节器　5—喷油器
6—燃油加注盖

图 2-11　排气系统的基本组成
1—排气歧管　2—三元催化转换器
3—排气管　4—消声器

目前，燃油发动机普遍采用电控燃油喷射技术（Electronic Fuel Injection，EFI）。根据车辆行驶的不同车况，给发动机配制最佳浓度的可燃混合气，实现最佳油耗和废气排放低污染目标。

电控燃油喷射技术的基本组成如图 2-12 所示。在供油系统、进气系统和排气系统零部件的基础上，增加了电子控制系统（各种传感器、控制模块和执行器元件）。

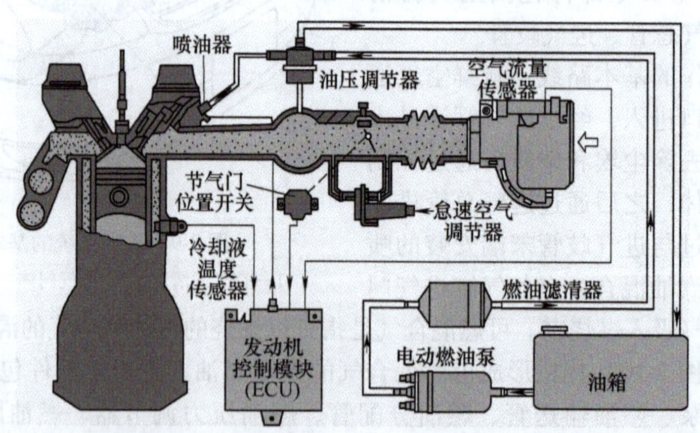

图 2-12　电控燃油喷射技术的基本组成

电控燃油喷射技术的基本工作原理：发动机控制模块（ECU）根据空气流量、节气门位置、发动机转速、冷却液温度等信号，判断车辆行驶所需发动机工况，在该工况下通过模块固有的厂家试验数据，计算出该状态下最佳混合气浓度，确定发动机所需的喷油量、喷油正时和点火提前角，并控制喷油器、点火装置等执行元件，保证发动机最佳效能运转。

由此可以看出，控制发动机在最佳混合气浓度下燃烧，是获得发动机所需工况最佳效能运转的基础。在一定容积的燃烧室中，混合气中汽油和氧分子正好完全燃烧变成废气，此时的混合气称为理想混合气。通常用空燃比和过量空气系数两个指标表示混合气的浓度。

空燃比：每个工作循环吸入气缸空气质量和喷入燃油质量的比值，它表示混合气浓度。

理论空燃比——14.7∶1。

混合气稍稀——15∶1～16∶1。

混合气稍浓——12∶1～13.5∶1。

过量空气系数：缸内实际空气量与喷入气缸内燃料完全燃烧所需要的理论空气量的比值，常用λ表示。

理论空燃比——λ=1。

混合气变稀——λ>1。

混合气变浓——λ<1。

车辆行驶工况不同，决定了发动机处于相应不同工况，需要配制不同浓度的混合气，见表2-1。

表2-1　混合气浓度与汽油机工况的基本关系

汽油机工况	过量空气系数λ	空燃比	混合气浓度
起动（0℃）	≈0.4	≈5	极浓
暖机	0.5～0.6	6～11	很浓
怠速	0.6～0.8	11	很浓
小负荷	0.75～0.9	12～13	浓
经济负荷	1.0～1.15	15～18	稀
大负荷	0.85～0.95	12～13	浓
加速	0.4～0.6	8	极浓

4. 冷却系统

在发动机工作过程中，零部件温度过高或过低都会造成气缸磨损加剧、发动机功率下降、油耗增加。发动机冷却系统的作用就是保证发动机在最适宜的温度下工作。

发动机冷却方式主要有水冷式和风冷式两种，如图2-13所示。目前车辆发动机采用水冷式冷却系统。

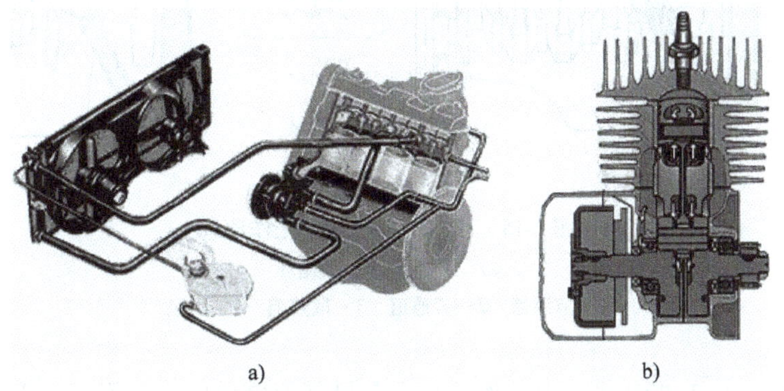

图2-13　发动机冷却方式

a）水冷却　b）风冷却

水冷式冷却系统通过冷却液循环系统，带走发动机产生的多余热量，保持发动机零部件最适宜工作温度。水冷却系统的基本组成如图 2-14 所示，它包括散热器、散热器盖、水泵、节温器、冷却风扇等。

发动机冷却系统是强制冷却液循环系统。发动机曲轴或车用电机带动水泵转动，冷却液经过水泵增压后进入各气缸周围的冷却通道，带走燃烧室产生的发动机热量，冷却液经过节温器，由散热器把热量带入大气中，这样不断循环维持发动机零部件处于最适宜工作的温度状态。

根据冷却液温度，由节温器决定冷却系统的工作循环是小循环、大循环或两者组合循环。

当发动机冷却液温度低于一定数值（通常为 85℃左右）时，蜡式节温器中石蜡呈现固态，处于伸张的弹簧压紧主阀门，关闭去散热器的主通道，副阀门处于打开状态，流回发动机内部的副通道开启。此时冷却液在水泵推动下从气缸盖水道壁吸热后经过副通道、节温器和水泵返回发动机机体水道，冷却液进行小循环，如图 2-15a 所示。

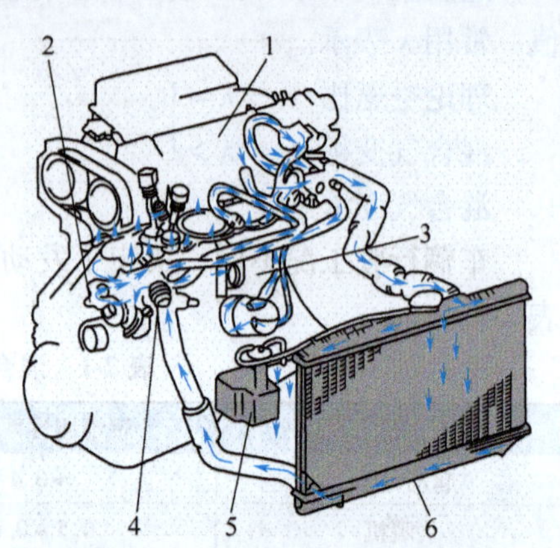

图 2-14　水冷却系统的基本组成

1—气缸盖　2—水泵　3—缸体
4—节温器　5—储液罐
6—散热器

当发动机冷却液温度高于一定数值（通常为 105℃左右）时，蜡式节温器中石蜡逐渐融化呈现液态，原本处于伸张的弹簧进一步伸长到压紧副阀门，同时打开去散热器的主通道，副阀门处于关闭状态，流回发动机内部的主通道开启。此时冷却液在水泵的推动下从气缸盖水道壁吸热后经过散热器、主通道、节温器和水泵返回发动机机体水道，冷却液进行大循环，如图 2-15b 所示。

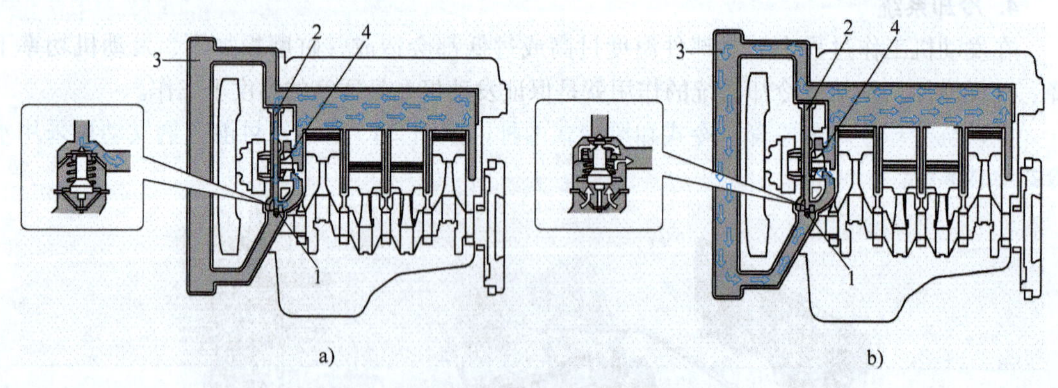

图 2-15　水冷却系统基本工作原理

a）小循环　b）大循环

1—节温器　2—旁通道　3—散热器　4—水泵

当冷却液温度介于节温器发生动作的最高和最低温度之间时，有可能大、小循环同时进行，容易发生节温器在阀门开关间来回振荡。理想的节温器应满足发动机冷却工作时大、小循环的唯一性，避免发生节温器振荡现象。

5. 润滑系统

在发动机工作过程中，运动配合的零部件润滑不良会造成磨损加剧、发动机功率下降、油耗增加。发动机润滑系统的作用是将清洁的润滑油不断输送到众多相互运动件的摩擦表面，减小磨损，提供润滑，保证发动机运动零部件正常工作。此外，润滑油流经摩擦表面会带走热量和金属磨屑，起到冷却和清洁作用。发动机润滑采用压力润滑和飞溅润滑两种方式。

压力润滑是指由机油泵将润滑油加压后通过大、小油道输送到各需要润滑的表面。对于负荷较大的曲轴主轴颈、曲拐轴颈和凸轮轴轴颈采用压力润滑；飞溅润滑是指利用发动机工作时运动零件飞溅起来的油滴或油雾润滑摩擦表面，它主要用于发动机配气机构凸轮、挺柱、气门杆、摇臂等零件表面和气缸壁与活塞配合运动表面。

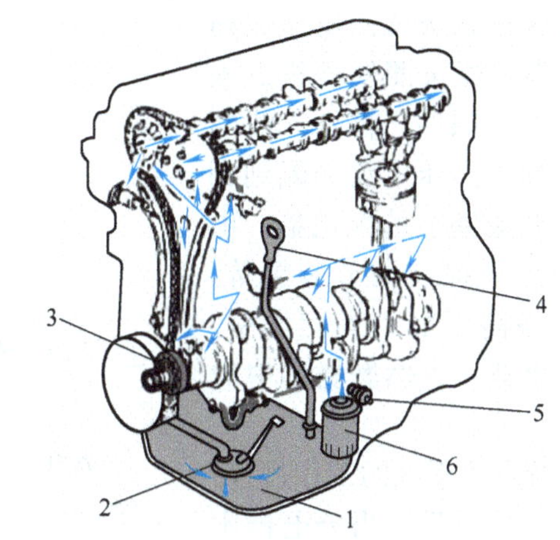

图 2-16 润滑系统的基本组成

1—油底壳 2—机油集滤器 3—机油泵

4—机油尺 5—安全阀 6—机油滤清器

润滑系统的基本组成如图 2-16 所示。它包括油底壳、机油集滤器、机油泵、油道、机油滤清器、限压阀、机油压力开关或传感器、机油压力表等。

发动机工作时，机油泵从油底壳中将润滑油经过机油集滤器送入机油滤清器，润滑油经过机油滤清器进入主油道后分多路进入各轴承润滑，之后经过曲轴上油道进入连杆大头轴承润滑，再由连杆空间摆动飞溅到气缸壁，使活塞、活塞环和活塞销得到润滑，之后滴溅回油底壳。润滑油经主油道另一分油路通向凸轮轴润滑凸轮轴轴承、凸轮、正时链轮和链条。再一路润滑油经过发动机机体上行到气缸盖到摇臂轴，用于润滑气门摇臂、气门杆后滴溅回油底壳。其中机油集滤器用于滤除润滑油中粗大颗粒杂质。为了保持主油道畅通和油压稳定，与进入机油滤清器并列设置了旁通阀和安全阀。发动机润滑系统基本油路如图 2-17 所示。

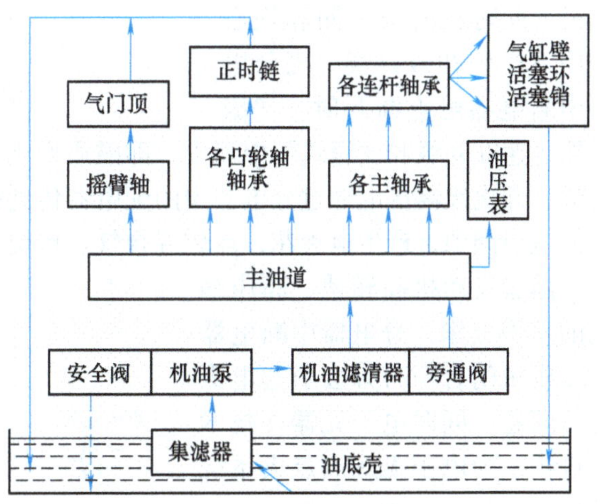

图 2-17 润滑系统基本油路

6. 点火系统

汽油发动机属于点燃式发动机，要求点火系统在发动机任何复杂工况下都能产生高能高压火花，保证气缸中可燃混合气在最佳时刻点燃，产生最佳燃烧能效。点火系统根据其技术发展可以划分为传统有触点点火系统、电子无触点点火系统和电控点火系统。

传统点火系统基本组成如图 2-18 所示。它包括蓄电池、点火线圈、分电器、火花塞和火花塞高压线等。点火线圈相当于自耦合变压器，能将蓄电池电源 12V 的直流电变换成 15 ~20kV 的直流电。传统点火线圈主要由初级线圈、次级线圈、铁心和附加电阻等组成。分电器内部构成主要有与配气凸轮轴联动，能周期性接通和切断点火线圈中初级线圈电流回路的断电器；能按照发动机点火时刻和点火顺序，将点火线圈次级线圈中高压电流分配到相应气缸火花塞上的配电器；电容器和点火提前调节装置等。火花塞将高压电引入燃烧室，产生电火花，点燃燃烧室中的混合气。

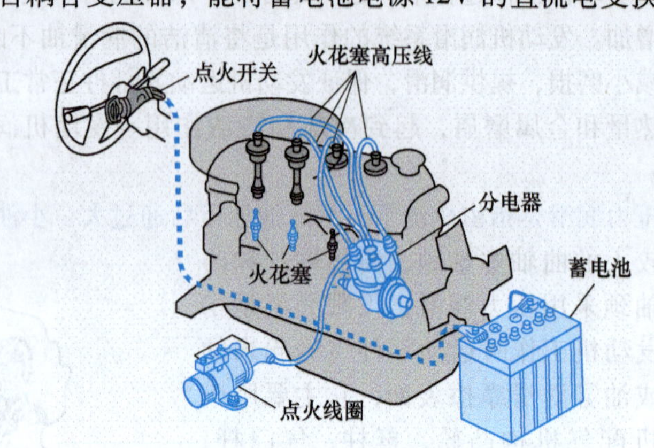

图 2-18 传统点火系统的基本组成

传统点火系统的工作过程：点火开关接通后，当分电器中断电器触点闭合时，蓄电池电流流入点火线圈初级线圈，经过断电器触点后搭铁到蓄电池负极，此时在初级线圈和铁心作用下产生初级磁场。当分电器中断电器触点断开时，初级磁场迅速在初级和次级线圈中消失，即磁通变化率值非常大，次级线圈会产生很高的感应电动势，即次级高压电通过分电器中的配电器传到指定气缸中的火花塞，高压电足以击穿火花塞的电极间隙，产生电火花，点燃混合气。传统点火系统的工作原理如图 2-19 所示。

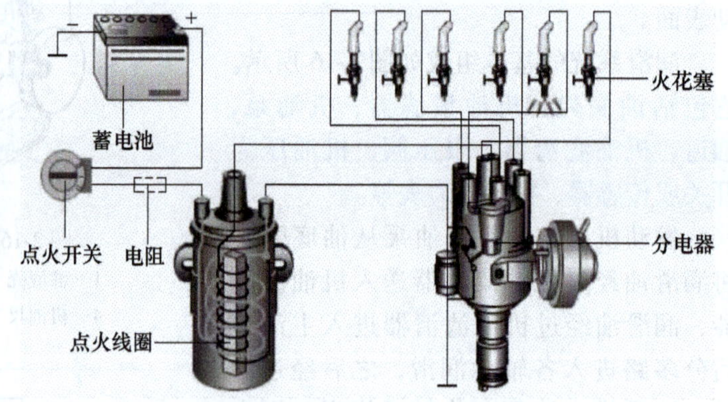

图 2-19 传统点火系统的工作原理

随着发动机高转速、高压缩比的发展要求，分电器中断电器触点机械闭合与打开会引起电火花等问题，同时电子元器件技术的进步，为电子无触点点火系统的出现提供了基础，无触点点火系统的工作原理如图 2-20 所示。在保留传统点火系统大多部件的基础上，电子无触点点火系统采用点火器取代了传统分电器中的机械式断电触点，并且由点火信号发生器产生点火命令信号。采

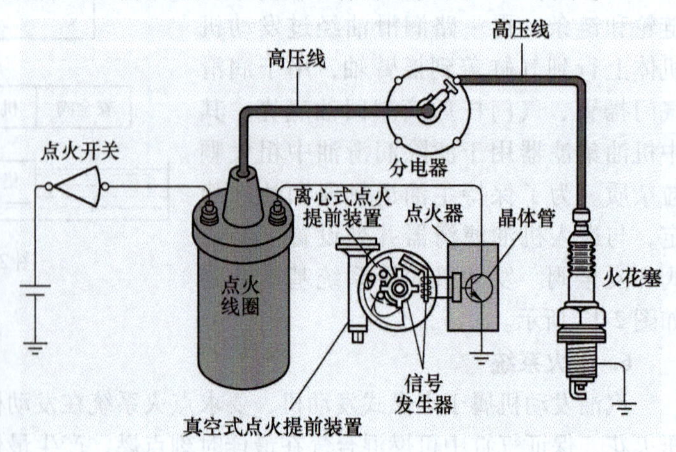

图 2-20 晶体管无触点点火系统的工作原理

用专用点火集成电路模块控制比传统断电器机械控制性能更加稳定可靠。图 2-20 所示点火器由晶体管电路组成的无触点点火系统组成。

为了更加精确地控制点火时刻，取代传统点火系统和无触点点火系统中的点火提前调节装置，目前电控无分电器独立点火系统得到发展应用。图 2-21 所示为电控无分电器点火系统的工作原理。它包括蓄电池电源、发动机控制模块、电磁触发信号装置、点火控制模块、点火线圈、火花塞等。发动机控制模块根据车辆行驶状态决定发动机相应工况并确定点火策略和点火参数，点火控制模块接收发动机指令信息和感应配气凸轮轴转角位置的电磁触发信号后，结合点火时刻控制、通电时间控制、爆燃控制等策略，去控制两个气缸中共用点火线圈同时点火，点燃所需气缸中混合气。

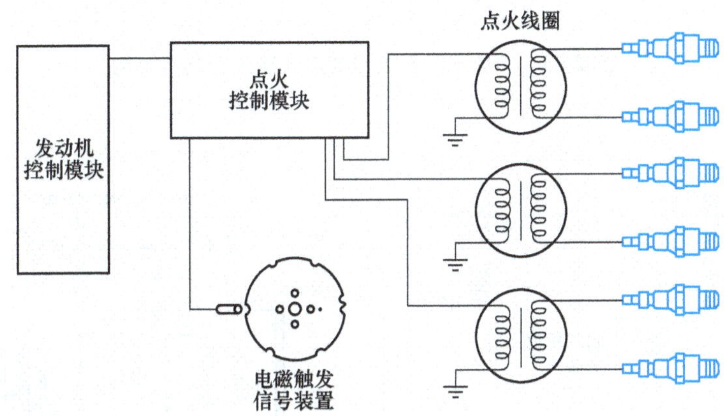

图 2-21　电控无分电器点火系统的工作原理

此外，目前普遍采用的是一体式单缸独立点火线圈的电控无分电器独立点火系统，每缸分配一个带点火器的点火线圈，直接安装在火花塞上方，由 ECU 直接给点火命令信号。基本组成如图 2-22 所示，一体式带点火器的点火线圈基本结构如图 2-23 所示。

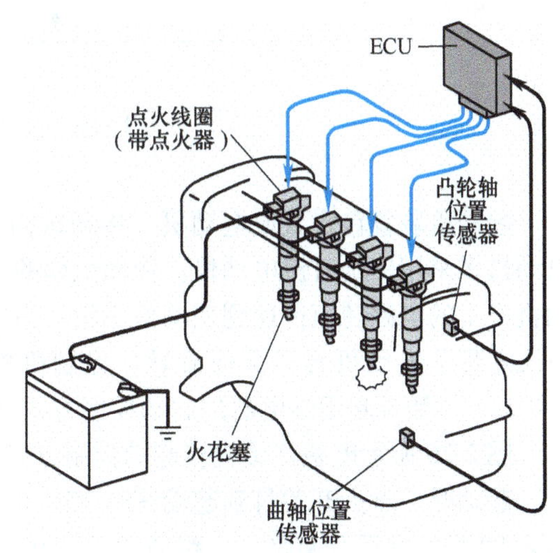

图 2-22　电控无分电器独立点火系统的基本组成

7. 起动系统

从发动机工作行程的原理看，发动机是不能自行起动的。起动系统按照发动机的工作要求，提供发动机初始转矩，使发动机能够转起来，并达到规定的转速，配合点火、喷油等操作，完成起动过程。一般要求汽油机在 -10℃以下、柴油机在 -5℃以下的气温条件起动，能在 15s 内达到自行运转。

某车辆起动系统基本组成如图 2-24 所示，包括蓄电池、点火开关、起动继电器、起动机装置等。

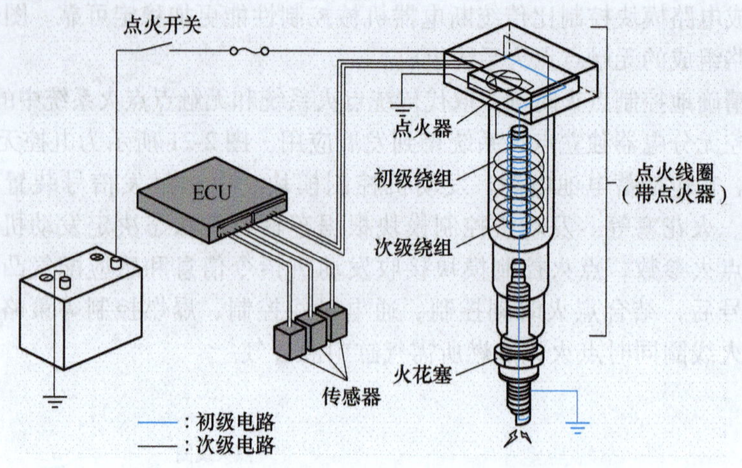

图 2-23　一体式带点火器的点火线圈的基本结构

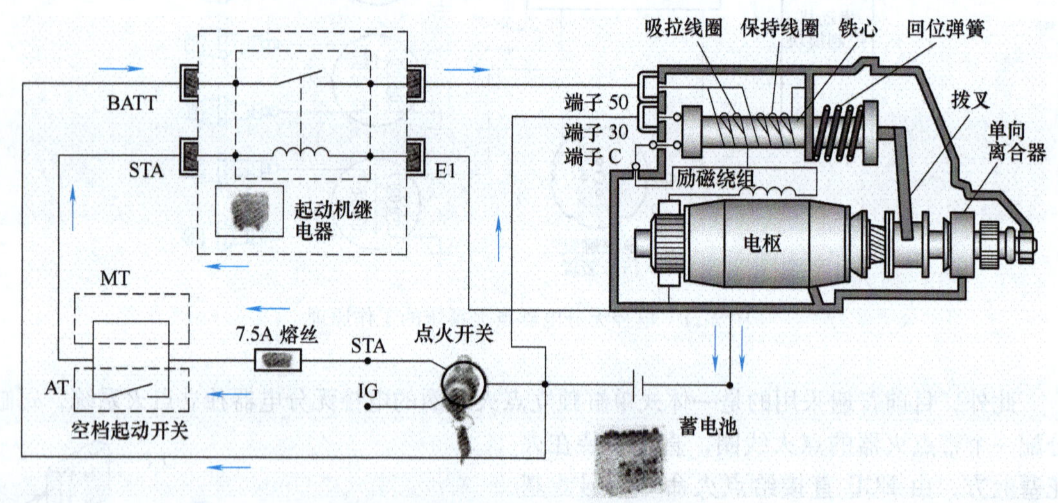

图 2-24　起动系统的基本组成

起动机装置包含直流电动机、传动机构、控制机构三部分，如图 2-25 所示。目前直流电动机多采用串励直流电动机。传动机构的关键部件为单向离合器，其作用是在起动时将电动机产生的电磁转矩传递到发动机飞轮。当发动机起动后，单向离合器立刻打滑，防止发动机飞轮带动电动机转子高速旋转。控制机构有两种方式，分别是电磁开关直接控制方式（图 2-26）和带起动继电器的起动控制方式（图 2-27）。

图 2-26 所示电磁开关直接起动控制方式的工作过程如下：

起动时，点火开关打到起动 STA 档，电磁开关通电，电流由蓄电池正极经过点火开关进入 50 号接柱后分两路，一路通过保持线圈后搭铁，另一路经过吸拉线圈、C 接柱、直流电动机励磁绕组后搭铁。保持线圈和吸拉线圈电流绕向相同，共同产生同方向磁场，活动的铁心在两个磁场的共同作用下，克服回位弹簧作用力向左移动，通过拨叉使电动机转子通过单向离合器连接的驱动齿轮与发动机啮合，之后铁心继续向左移动，铁心左端接触盘将 30

号接线柱和C接柱导通，此刻电动机主电路接通。电流从蓄电池正极通过30号接柱、接触盘、C接柱、电动机电枢绕组、电刷后搭铁。此时电动机产生电磁转矩，通过单向离合器带动飞轮旋转，起动发动机。

发动机起动后，单向离合器打滑。当松开点火开关，从STA档位置到ON档时，此时点火开关到50号接柱断电，电路电流为蓄电池正极到30号接柱、接触盘、C接柱、吸拉线圈、保持线圈到搭铁。由于保持线圈和吸拉线圈电流绕向相反，磁场方向相反，铁心所受电磁力相互抵消，在回位弹簧力作用下，铁心向右推动，电动机励磁电路断开，电动机停止主动转动，同时铁心推力通过拨叉拉动驱动齿轮与飞轮脱离啮合，起动过程结束。

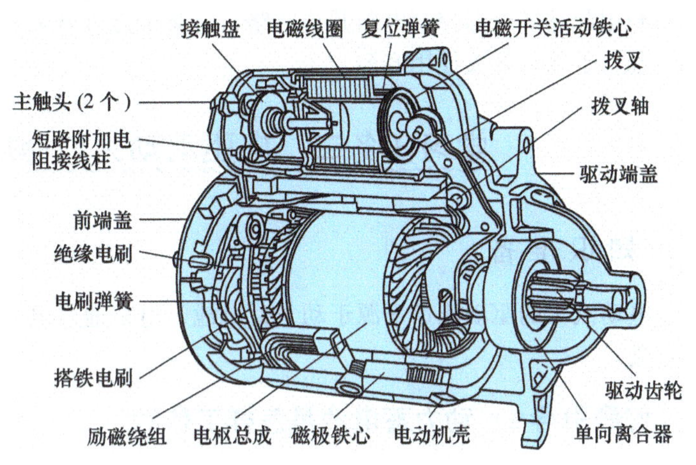

图2-25　起动机装置的基本组成

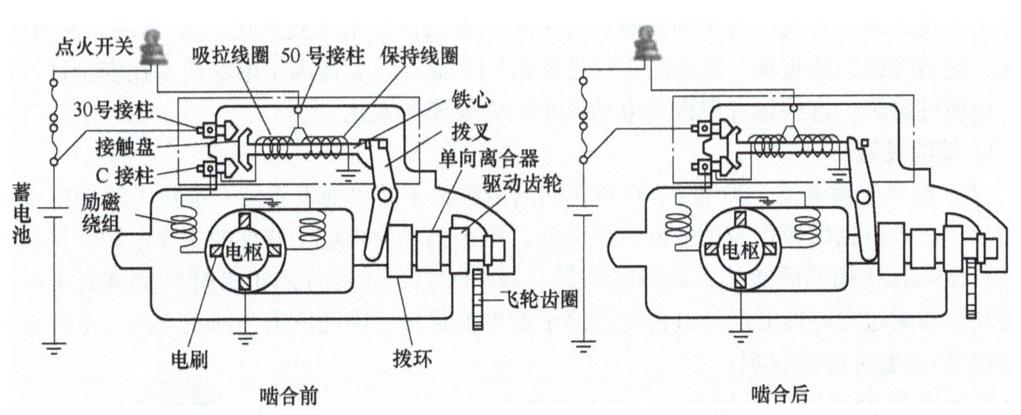

图2-26　电磁开关直接起动控制方式的工作原理

图2-27所示带起动继电器的起动控制方式的工作过程如下：

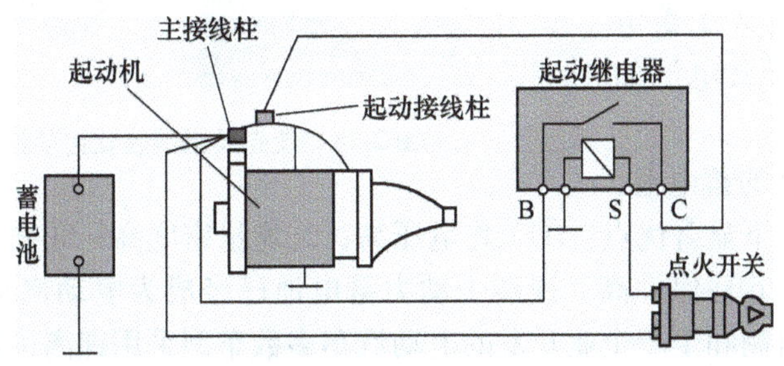

图2-27　带起动继电器的起动控制方式的工作原理

当点火开关打到起动 STA 档时，蓄电池电压经过主接线柱、继电器触点起动机上的起动接线柱，接通电磁开关回路，起动电动机转动。起动后，松开点火开关到 ON 档，起动继电器线圈断电，触点断开，电磁开关回路也随即断开，起动电动机停止工作。

利用起动继电器控制电磁开关回路，能减少点火开关起动触点的电流，避免点火开关烧蚀，延长了点火开关使用寿命。

学习任务二　电驱动动力与储能装置认识

知识准备

电动汽车的驱动能量来源于动力蓄电池，电机通过电机控制器获得相应的能量，驱动车辆行驶。

问题引导 1：动力蓄电池是怎样工作的？

应用在电动汽车上的储能装置主要是电化学储能技术，即铅酸、镍氢、镍镉、锂离子、钠硫等动力蓄电池，以及燃料电池、太阳能电池、超级电容、飞轮电池等其他形式的储能装置。过去这些储能技术在比能量、比功率、充电技术、使用寿命、安全性和成本等几方面存在严重不足，制约了电动汽车的发展。近年来，电动汽车电池技术的研发受到了各国能源、交通、电力等部门的重视，电池的多种性能得到了提高，如锂离子电池技术在安全性方面取得了突破性进展。这些将有望推动电动汽车的大规模商业化。

1. 储能装置

（1）锂离子蓄电池　20 世纪 90 年代初商用锂离子蓄电池发布后，革新了消费电子产品的面貌。此类以钴酸锂作为正极材料的电池，至今仍是便携电子器件的主要电源。稍后发现的具有橄榄石结构的磷酸盐，如磷酸铁锂（$LiFePO_4$），比传统的正极材料更具安全性，尤其耐高温和耐过充电性能远超过传统锂离子蓄电池材料。因此成为当前主流的大电流放电的动力锂蓄电池的正极材料。后来，日本索尼公司发明了以炭材料为负极，以含锂的化合物作正极的锂蓄电池，在充放电过程中，没有金属锂存在，只有锂离子，这就是锂离子蓄电池。实用化的锂离子蓄电池如图 2-28 所示。

图 2-28　硬壳及铝塑膜软包装锂离子电池

相对于其他类型的蓄电池，锂离子蓄电池具有以下显著优点：①工作电压高；②能量密度高；③循环寿命长；④自放电小；⑤无记忆效应；⑥环保性高。锂离子动力蓄电池已经成为电动汽车储能装置的主流选择，国内众多汽车研制和生产企业开发的电动汽车多数车型采用锂离子蓄电池，并有逐步扩大的趋势。

（2）镍氢蓄电池　碱性蓄电池是以氢氧化钾（KOH）等碱性水溶液为电解液的二次电

池的总称。一般情况下，电解液中的 KOH 不直接参与电极反应，这是碱性蓄电池有别于铅酸蓄电池的一大特点。相对于铅酸蓄电池，碱性蓄电池具有能量密度高、机械强度高、工作电压平稳、功率密度大、使用寿命长等特点。镍镉蓄电池和镍氢蓄电池是碱性蓄电池的代表类型，其中镍氢蓄电池在电动汽车动力蓄电池中有应用。图 2-29 所示为普锐斯混合动力汽车所用的镍氢动力蓄电池。

图 2-29　镍镉电池和镍氢电池

镍氢蓄电池是在镍镉蓄电池的基础上发展起来的，相对于镍镉蓄电池，其最大优点是较环保，不存在重金属污染。目前，以储氢合金为负极材料的镍氢蓄电池能满足混合动力电动汽车所要求的高能量、高功率、长寿命和足够宽的工作温度范围要求，这使其成为电动汽车动力蓄电池市场上的主流产品，同时该类蓄电池也已经广泛地应用在电动工具、电动自行车等日常生活用品上。

（3）燃料电池　燃料电池（Fuel Cell，FC）是一种将存在于燃料和氧化剂中的化学能直接转化为电能的发电装置，如图 2-30 所示。燃料电池在工作过程中，燃料和空气分别送进燃料电池后，电就被生产出来。它从外表上看有正、负极和电解质等，像一个蓄电池，但实质上它不能“储电”而是一个“发电厂”，燃料电池是继水力、火力和核能发电之后的另一种发电技术。

图 2-30　燃料电池

燃料电池以其特有的燃料效率高、质量能量大、功率大、供电时间长、使用寿命长、可靠性高、噪声低及不产生有害排放物 NO_2 等优点正在引起世界各国的注意。与内燃机汽车相比，氢燃料电池电动汽车有害气体和温室气体的排放量都大大降低。这种电池将有可能成为继内燃机之后的汽车最佳动力源之一。

（4）超级电容　超级电容器（简称超级电容），又称为双电层电容器（Electrical Double-Layer Capacitor），是一种通过极化电解质来储能的电化学元件，但在储能的过程并不发生化学反应，其储能过程是可逆的，可以反复充放电数十万次。与传统的电容器和蓄电池相比，超级电容器的比功率是蓄电池的 10 倍以上，储存电荷的能力比普通电容器高得多，可以到法拉级容量，且具有充放电速度快、循环寿命长、使用温度范围宽、无污染等优点，是一种非常有前途的新型绿色能源（图 2-31）。

图 2-31　超级电容

在纯电动汽车和混合动力电动汽车上采用超级电容 - 蓄电池复合电源系统被认为是解决未来电动车辆动力问题的最佳途径之一。随着对电动汽车用超级电容的进一步研究和开发，超级电容 - 蓄电池复合电源在满足性能和成本要求上更具有实用性，市场前景广阔。

（5）飞轮电池　超高速飞轮储能电池的概念起源于20世纪70年代中期，是伴随着当时能源危机导致的电动汽车研发热潮出现的，最初的应用对象就是电动汽车。但由于当时各种技术的限制，没有得到实际的应用。直到20世纪90年代，由于电路拓扑思想的发展，碳纤维材料的广泛应用，这种物理储能型电池得到了高速发展，并且伴随着磁轴承技术的发展，展示出广阔的应用前景。

图2-32　飞轮电池

飞轮电池作为一种新型的机械储能装置，利用高速旋转的飞轮将能量以动能的形式存储起来，如图2-32所示。同蓄电池相比较，飞轮电池具有更高的比能量和比功率，充电时间短，使用寿命长，无过度充放电问题。因此，可将飞轮电池应用于电动汽车中，使飞轮电池和蓄电池共同提供或吸收汽车运行中的峰值功率。在特性上，飞轮电池兼顾了化学电池、燃料电池和超导电池等储能装置的诸多优点，主要表现在如下几个方面：能量密度高、能量转换效率高、使用寿命长、低损耗、低维护。

2. 充电技术

（1）能量补给方式　电动汽车蓄电池能量消耗后的补给方式，主要有换电和充电两种。

与电动汽车充电模式相比，蓄电池更换方式具有蓄电池更换时间快、电能补充速度快、自动化程度高等特点（图2-33）。蓄电池更换站一般包括供配电系统、充电系统、换电系统、监控系统等部分，在蓄电池电量耗尽时，用充满电的蓄电池组更换已经耗尽的蓄电池组。蓄电池归服务站或电池厂商所有，电动汽车用户只需租用蓄电池。电动汽车用户把车停在一个特定的区域，然后用更换蓄电池组的机器将耗尽的蓄电池取下，换上已充满电的蓄电池组。对于更换下来的“无电”蓄电池，可以在服务站充电，也可以集中收集起来以后再充电。由于蓄电池更换过程包括机械更换和蓄电池充电，因此有时也称它为机械“加油”或机械充电。

图2-33　更换电池式的充电方式

蓄电池更换站所要具备的核心功能就是为电动车辆进行蓄电池箱的快速更换。蓄电池更换站同时具备正常充电站和快速充电站的功能，也就是说可以用低谷电给蓄电池充电，同时又能在很短的时间内完成“加油”过程。通过使用机械设备，整个电池更换过程可以在10min内完成，与现有的燃油车加油时间大致相当。

由于换电模式前期投资巨大，其电池安全性与责任界定困难，同时不同的电池标准导致换电运营商与汽车生产商合作困难。事实上，换电模式更适合于某些细分市场，如公共交通、物流车队等。但是对于主流的私家车市场，换电模式并不合适，因此现阶段电动汽车的能源补给方式以充电模式占优。

（2）充电机　充电机是与交流电网连接，为动力蓄电池等可充电的储能系统提供直流电能的设备。一般可由功率单元、控制单元、计量单元、充电接口、供电接口及人机交互界面等部分组成。实现充电、计量等功能，并扩展具有反接、过载、短路、过热等多重保护功能及延时起动、软起动、断电记忆自起动等功能。

根据充电机是装在车内还是车外，充电机可分为车载充电机和非车载充电机（充电桩）两种。图 2-34 所示为电动汽车利用非车载充电机充电的示意图。车载充电机一般设计为小充电率，充电时间长。由于电动汽车车载质量和体积的限制，车载充电机要求尽可能体积小、质量小。因为充电机和蓄电池管理系统都装在车上，所以它们相互之间容易利用电动汽车的内部电路网络进行通信，而且蓄电池的充电方式是预先定义好的。非车载充电机一般设计为大充电率，没有质量和体积的限制。由于非车载充电机和蓄电池管理系统在物理位置上是分开的，所以它们之间必须通过电线或无线电进行通信。根据蓄电池管理系统提供的关于蓄电池的类型、电压、温度和荷电状态的信息，非车载充电机选择一种合适的充电方式为蓄电池充电，以避免蓄电池的过充和过热。

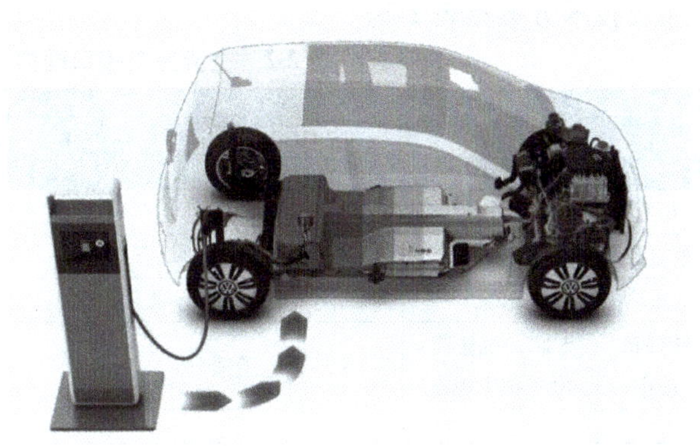

图 2-34　电动汽车及非车载充电机

（3）充电接口　充电接口是电动汽车充电过程中连接电动汽车和供电设备的最重要的部件，电动汽车充电接口标准的统一对于促进电动汽车推广应用和充电基础设施的建设具有重要意义。随着电动汽车产业化程度的逐步提高和充电基础设施建设的快速推进，充电接口的标准化受到了国内外汽车行业、电力行业、电工行业以及其他相关行业的极大关注，也受到国内外政府机构的重视。在此情况下，中国、美国、日本和欧洲等国家和地区都纷纷开始研究电动汽车充电接口的相关技术，并努力促进充电接口标准在各自国家和地区乃至全世界的统一。图 2-35 所示为各种类型的充电接口。

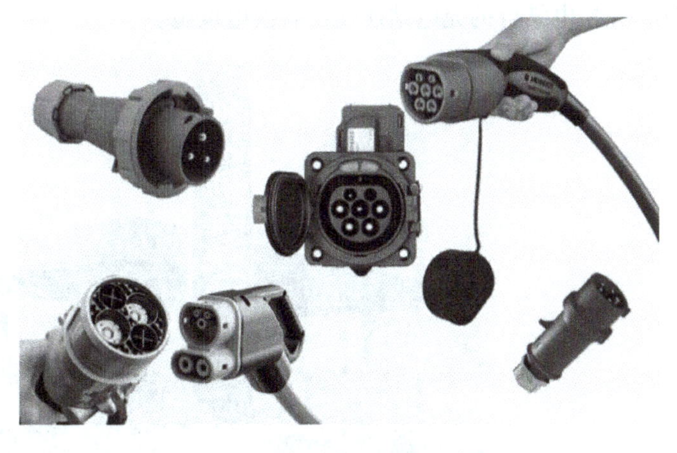

图 2-35　各种类型的充电接口

目前，IEC（国际电工委员会）和 ISO（国际标准化组织）都在加速制定充电基础设施方面的国际标准。但是由于各国的电力基础不一样，加上电动汽车还处于市场化的前期阶段，各国的技术路线还有很大差别，因此国际标准的制定过程也困难重重。国内电动汽车充电方面的标准化工作，在国家标准化管理委员会、科学技术部、工业与信息化部和国家能源局 4 部委的组织领导下，正在积极推进，并取得了阶段性进展。

我国的充电接口国家标准体系和 IEC 标准基本一致，分为一般要求、交流接口和直流接口 3 个部分，在第 2 部分和第 3 部分中，除了规定了物理结构尺寸外，还规定了控制导引电路和安全保护策略。2015 年，国家标准化管理委员会批准新修订的 GB/T 18487.1—2015《电动汽车传导充电系统　第 1 部分：通用要求》，于 2016 年正式实施。交流充电接口国内外主要技术方案见表 2-2。

表 2-2　交流充电接口国内外主要技术方案

接口参数	type1（美国）	type2（德国）		type3（意大利）			中国标准	
				单控制导引	双控制导引			
相数	单相	单相	三相	单相	单相	三相	单相	三相
电流/A	80	70	63	16	32	32	16/32	32
电压/V	≤250	≤480		250	250	500	220	250/440
针脚和锁止	5 芯，机械锁（电子锁未规定）	7 芯，电子锁		4 芯		5 芯	7 芯，机械锁（电子锁为可选）	
接口形式	L2/N L1 CP CS PE	CP PP PE N L3 L2 L1		L/+ pilot	control switch pilot L1 N earth	pilot control switch L1 N L2 earth L3	CC CP L N NC1 PE NC2	

（4）充电站　充电站（Charge Station）主要是指快速高效、经济安全地为各种电动车辆提供运行中所需电能的服务性基础设施（图 2-36）。为了提高车辆使用效率和使用方便性，充换电结合的充电站还建设有换电设施。

图 2-36　电动汽车专用充电站

充电站的主要功能决定其总体布局。一般来说，一个功能完备的充电站由配电区、监控区、充电区、更换电池区和电池维护区 5 个基本部分组成（后两个部分为换电站特有）。根据充电站规模和服务功能的差异，在功能设置上存在一定差异。不需要对电池进行更换操作的充电站不需要设置更换区和大量电池的存储设备。

3. 蓄电池管理系统

（1）基本作用　电动汽车能量来源于动力蓄电池，蓄电池管理系统（Battery Management System，BMS）是用来对车辆蓄电池组进行安全监控及有效管理，提高蓄电池使用效率的装置。对于电动车辆而言，通过该系统对蓄电池组充放电的有效控制，可以达到增加续驶里程、延长使用寿命、降低运行成本的目的，并保证动力蓄电池组应用的安全性和可靠性。动力蓄电池管理系统是电动汽车不可缺少的可信部件之一。图 2-37、图 2-38 所示为蓄电池管理系统及其在动力蓄电池系统中的位置。

图 2-37　电池管理系统

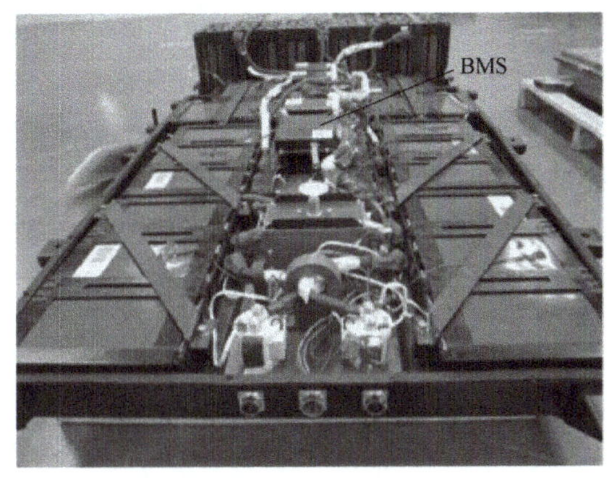

图 2-38　动力蓄电池中的蓄电池管理系统

（2）组成原理　对蓄电池管理系统功能和用途的理解是随着电动车辆技术的发展逐步丰富起来的。最早的蓄电池管理系统仅仅进行蓄电池一次测量参数（电压、电流、温度等）的采集，之后发展到二次参数（荷电状态、内阻）的测量和预测，并根据极端参数进行蓄电池状态预警。现阶段蓄电池管理系统除完成数据测量和预警功能外，还通过数据总线直接参与车辆状态的控制。蓄电池管理系统的主要工作原理可简单归纳为：数据采集电路采集蓄电池状态信息数据后，由电子控制单元（ECU）进行数据处理和分析，然后蓄电池管理系统根据分析结果对系统内的相关功能模块发出控制指令，并向外界传递参数信息。

典型蓄电池管理系统的结构主要分为主控模块和从控模块两大块。具体来说，由中央处理单元（主控模块）、数据采集模块、数据检测模块、显示单元模块、控制部件（熔断装置、继电器）等构成。在功能上，蓄电池能量管理系统主要包括：数据采集、蓄电池状态计算、能量管理、安全管理、热管理、均衡控制、通信功能和人机接口，图 2-39 所示为蓄

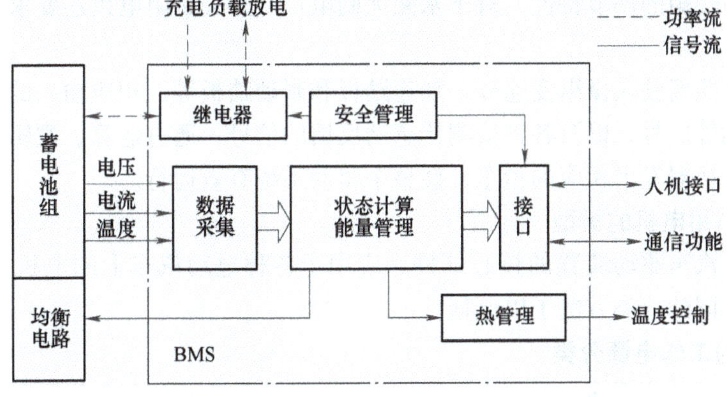

图 2-39　蓄电池管理系统（BMS）功能示意图

电池管理系统（BMS）功能示意图。蓄电池管理系统通过以上模块，实现电量管理、均衡管理、热管理、安全管理和数据通信等职能。

问题引导 2：电动汽车用电机驱动系统是怎样工作的?

1. 电动汽车用电机驱动系统的组成

电机驱动系统是电动汽车的心脏，它由电机、功率变换器、控制器、各种检测传感器和电源（动力蓄电池）组成，其任务是在驾驶人的控制下，高效率地将动力蓄电池的电能转化为车轮的动能，或者将车轮的动能转变成电能反馈到动力蓄电池中。图 2-40 所示为电机驱动系统的基本组成框图。

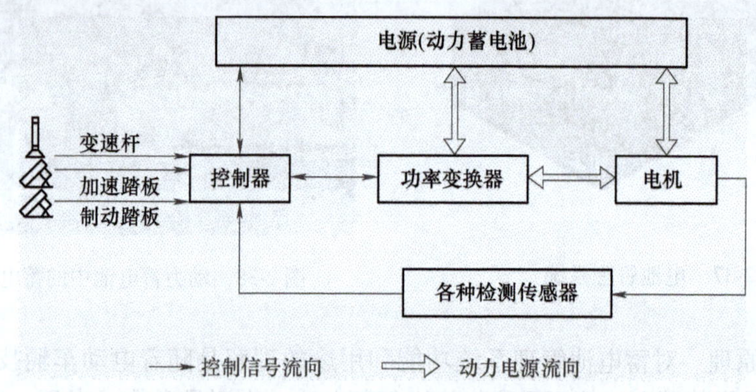

图 2-40　电机驱动系统的基本组成框图

早期的电动汽车主要采用直流电机系统，但直流电机有机械换向装置，必须经常维护。随着电力电子技术的发展，交流调速逐渐取代直流调速。现代电动汽车常用的驱动系统有：异步电机系统、永磁同步电机系统、永磁直流无刷电机系统和开关磁阻电机系统。

功率变换器按所选电机类型，有 DC-DC 功率变换器、DC-AC 功率变换器等形式，其作用是按所选电机驱动电流的要求，将动力蓄电池的直流电转换为相应电压等级的直流、交流或脉冲电源。

检测传感器主要对电压、电流、速度、转矩以及温度等进行检测，其作用是提高、改善电动机的速度与转矩的调节特性，对于永磁无刷电机或开关磁阻电机还要求有电机转角位置检测。

控制器是按照驾驶人操纵变速杆、加速踏板和制动踏板等，相应输入的前进、倒退、起步、加速、制动等信号，以及各种检测传感器反馈的信号，通过运算、逻辑判断、分析比较等适时向功率变换器发出相应的指令，使整个驱动系统有效运行。

2. 电动汽车用电机的类型

电机是电动汽车驱动装置的核心部件。应用于各种电动汽车上的电机的结构类型有多种，下面按照不同的分类方法予以概括。

1. 按电机的工作电源分类

按电机工作电源的不同，电动汽车用电机可分为直流驱动电机、交流驱动电机和方波驱动电机三类。

1）直流驱动电机。用直流电驱动的电机称为直流驱动电机。直流驱动电机按磁场来源不同有励磁式和永磁式两种。励磁式直流驱动电机磁极有励磁绕组，通入直流电流后产生方向不变的磁场；永磁式直流驱动电机的磁极为永久磁铁，这种形式的直流电机在电动汽车上很少应用。

2）交流驱动电机。用交流电驱动的电机称为交流驱动电机。交流驱动电机当三相交流电输入定子绕组后产生旋转磁场。交流驱动电机有交流异步电机和永磁同步电机两种类型。

3）方波驱动电机。方波驱动电机就是用方波电源供电的电机。由交流方波或脉冲电压驱动的电机有永磁无刷直流电机和开关磁阻电机两种类型。

2. 按电机的结构与工作原理分类

按电机的结构与工作原理不同进行分类，可将电动汽车用电机分为直流电机、无刷直流电机、异步电机、永磁同步电机和开关磁阻电机等。

1）直流电机。直流电机具有起动加速时驱动力大、调速控制简单、技术成熟等优点。但是直流电机的电枢电流由电刷和换向器引入，换向时产生电火花，换向器容易烧蚀，电刷容易磨损，需经常更换，维护工作量大。接触部分存在磨损，不仅使电机效率降低，还限制了电机的工作转速。新研制的电动汽车基本不采用直流电机。

2）无刷直流电机。无刷直流电机又称为直流无刷电机，是一种高性能的电机，它既有交流电机的结构简单、运行可靠、维护方便等诸多优点，又具备运行效率高、损耗小、运行成本低和调速性能好等特点。因此，它在电动汽车上的应用日益广泛。

3）异步电机。异步电机在电动汽车上广泛应用是因为异步电机采用变频调速时，可以取消机械变速器，实现无级变速，使传动效率大为提高。另外，异步电机很容易实现正反转，再生制动能量的回收也更加简单。当采用笼型转子时，异步电机还具有结构简单、坚固耐用、价格便宜、工作可靠、效率高和免维护等优点。

4）永磁同步电机。永磁同步电机结构上与无刷直流电机相似，不同之处在于它采用正弦交流电驱动，所以在具备无刷直流电机优点的同时，还具有低噪声、体积小、功率密度大、转动惯量小、脉动转矩小、控制精度高等特点，特别适用于混合动力电动汽车用电机驱动系统，可以达到减小系统体积、改善汽车加速性能和行驶平稳等目的，因此，永磁同步电机受到了全世界各大汽车生产厂家的重视。

5）开关磁阻电机。开关磁阻电机因其结构简单、坚固、工作可靠、效率高，调速系统运行性能和经济指标比普通的交流调速系统好，而具有很大的潜力，被公认为是一种极有发展前途的电动汽车用电机。

电动汽车用电机的分类如图 2-41 所示。

四种典型电动汽车用电机的性能比较见表 2-3。

3. 电机驱动控制技术

（1）电机驱动控制技术的发展　从主传动机电能量转换角度来说，电机控制技术由机械控制系统（如齿轮箱变速）、机械和电气联合控制系统（如感应电机电磁离合器调速）发展到全电气控制系统（基于电力电子电源变换器的电机控制系统）。

从控制电路来说，电机控制技术由模拟电路、数字和模拟混合电路发展到全数字电路控制系统。

从电机控制策略来说，最初是低效有级控制（如直流电机电枢回路串分级电阻调速、绕线转子式感应电机转子回路串电阻与笼型异步电机变极调速），接着是低效率无级调速控制（如异步电机变转差率调速），后来又改进成高效率无级调速控制（如直流电机斩波调压调速、交流电机变频调速、交流电机矢量控制与直接转矩控制系统），现在发展到高性能智能型控制系统（如自适应系统参数辨识与自校正控制、神经元或神经网络控制、模糊逻辑控制、模糊神经网络控制等电机控制系统）。

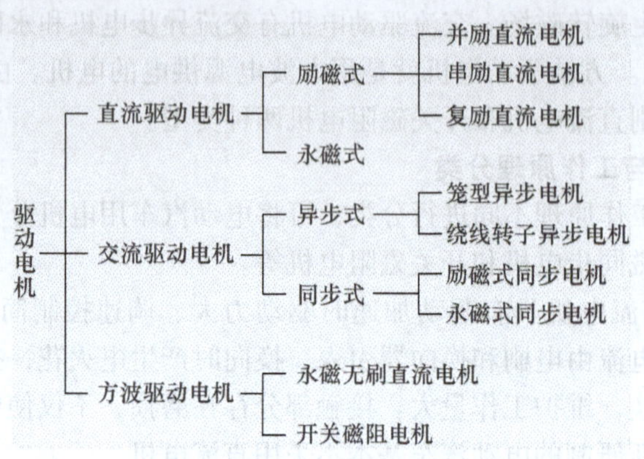

图 2-41 电动汽车用电机的分类

表 2-3 四种典型电动汽车用电机的性能比较

	直流电机	交流异步电机	永磁同步电机	开关磁阻电机
功率密度	低	中	高	较高
转矩转速性能	一般	好	好	好
转速范围/（r/min）	4000～6000	9000～15000	4000～10000	15000～20000
功率因数（%）	—	82～95	90～93	60～65
峰值效率（%）	85～89	94～95	95～97	85～90
过载能力（%）	200 左右	300～500	300 左右	300～500
电机质量	大	中	小	小
电机外形尺寸	大	中	小	小
可靠性	一般	优	好	好
结构坚固性	差	好	一般	优
控制操作性能	最好	好	好	好
控制器成本	低	高	高	一般

从电力电子驱动控制技术发展来说，由大功率无自关断能力的晶闸管控制系统（可控整流）发展到全控型电力电子器件（包括电力 GTR、功率 MOSFET 和 IGBT 等）构成的控制系统。用于电机控制系统的电源变换器有：AC/DC 可控整流器、DC/DC 斩波器、DC/AC 逆变器、AC/DC/AC 变换器等。

（2）电机驱动控制技术的研究现状　就电机的控制目标来说，主要有速度控制和位置控制两大类。电机的速度控制系统也称为电机调速系统，电机的位置控制系统或位置伺服系统也称为电机的运动控制（Motion Control）系统。

随着电子技术和计算机技术的飞速发展，新的电机理论与控制方式层出不穷，推动新的电机驱动系统迅猛发展。高密度、高效率、轻量化、低成本、宽调速电机驱动系统已成为各国研究和开发的主要热点。

目前电机控制技术的研究现状主要有以下几个方面：①新型功率控制器件和 PWM 技术应用；②矢量变换控制技术与现代控制理论的应用；③单片机（MCU）和数字信号处理器（DSP）的应用；④新型电机和无传感器控制技术研究。

思考题

1. 简述机体组的功用。气缸体有哪些类型？气缸套有哪些类型？简述气缸垫的结构与材料。
2. 活塞有哪些类型？简述油环和气环的结构，全浮式和半浮式活塞销的含义。
3. 理解曲轴上平衡重，曲轴随缸数的布置形式，飞轮上正时记号的含义。
4. 进、排气门直径大小是否一致？理解变螺距气门弹簧、双气门弹簧的原理。
5. 理解配气相位，进气门和排气门的配气相位含义。
6. 简述怠速旁通阀、可变进歧管的含义。
7. 燃油泵有哪些形式？理解燃油压力调节器的调节目标和缸内直喷分层燃烧 FSI。
8. 理解排气系统两个氧传感器的作用和反射消声器的原理。
9. 理解理想混合气的含义，空燃比与过量空气系数的含义，废气再循环的原理。
10. 理解发动机冷却系统大循环和小循环的原理。如何配制冷却液？冷却风扇有哪些形式？简述节温器振荡现象。
11. 理解发动机曲轴箱通风技术（PCV）、多级润滑油的含义。
12. 理解发动机非正常燃烧爆燃现象。简述点火提前原因。
13. 理解发动机起－停系统 ISG 或 BSG，发动机性能参数（转速、转矩和功率）以及发动机特性曲线。
14. 电动汽车实现快速充电需要哪些条件支持？
15. 简述电动驱动系统基本组成。
16. 简述电动汽车用驱动电机的类型和特点。

项目三　车辆传动系统

学习目标：

了解电动汽车动力传动系统类型、功能和特点。

掌握不同类型动力传动系统工作原理、基本组成和结构。

能力目标：

能够对各类电动汽车动力系统进行原理、组成和性能分析。

车辆传动系统是指将动力装置的输出驱动力矩传递到驱动轮，并能实现驱动动力分离与接合，实现变转速、变转矩功能的装置。

学习任务一　传统车辆传动系统认知

知识准备

传统车辆传动系统可以划分为手动变速器（Manual Transmission，MT）传动系统和自动变速器（Automatic Transmission，AT）传动系统。传统车按照发动机和驱动轮布置位置的不同，可以划分为前置前驱（发动机在车前部布置前轮驱动）、前置后驱（发动机在车前部布置后轮驱动）、后置后驱（发动机在车后部布置后轮驱动）、中置后驱（发动机在车中部布置后轮驱动）和四轮驱动车辆等类型。按照车辆变速方式不同，可分为手动变速、自动变速车辆。典型的传动系统主要有以下几种。

问题引导 1：传统前置后驱车辆 MT 传动系统的工作原理是怎样的？

传统前置后驱车辆 MT 传动系统的基本组成如图 3-1 所示，发动机飞轮固结在发动机曲轴输出端。离合器位于发动机飞轮与变速器输入轴之间，用于接合或分离飞轮与变速器输入轴之间动力连接即发动机动力接合与分离。正常情况下离合器处于接合状态，当动力需要分离时，驾驶人通过踩下离合器踏板，通过机械传动机构或液压油路控制离合器产生动作，分离飞轮与变速器输入轴之间动力连接，如图 3-2 所示。

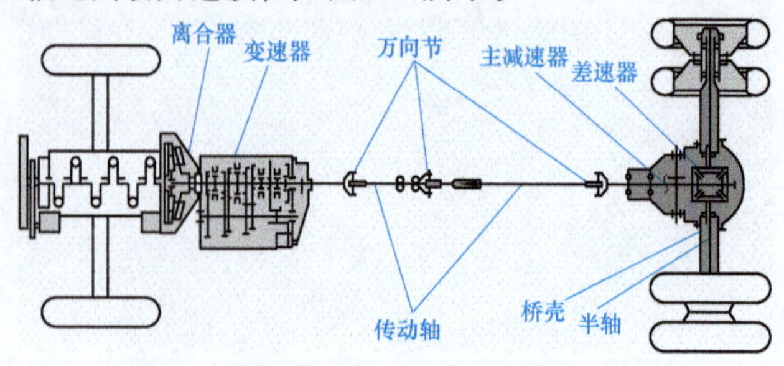

图 3-1　后驱车辆 MT 传动系统的基本组成

目前小型乘用车普遍采用膜片弹簧离合器，其基本组成如图 3-3 所示。膜片弹簧离合器的基本组成零部件可以划分为主动部分（飞轮、离合器盖和压盘）、从动部分（从动盘）和压紧机构（膜片弹簧）。离合器盖通过螺栓与飞轮连接，离合器盖与压盘间通过圆周均匀分布的 3 ~4 个传动片连接。从动盘一般采用具有减振弹簧的组合式摩擦从动盘，上边安装有摩擦片。当离合器盖通过螺栓与飞轮安装紧固时，膜片弹簧受力变形，将主动部分和从动部分压紧。发动机曲轴动力转矩通过飞轮→离合器盖→传动片→压盘→从动盘的一摩擦端面和飞轮→从动盘的另一摩擦端面一起压紧并通过从动盘花键轴传递到变速器输入端。需要切断发动机动力时，踩离合器踏板通过机械或液压机构推动分离叉摆动，分离叉推动空套在输出轴上的分离轴承轴向移动，推动膜片弹簧中各膜片以支承环作为各支点，拉动压盘后移与从动盘上的摩擦片分离，此时发动机动力与输出轴分离。

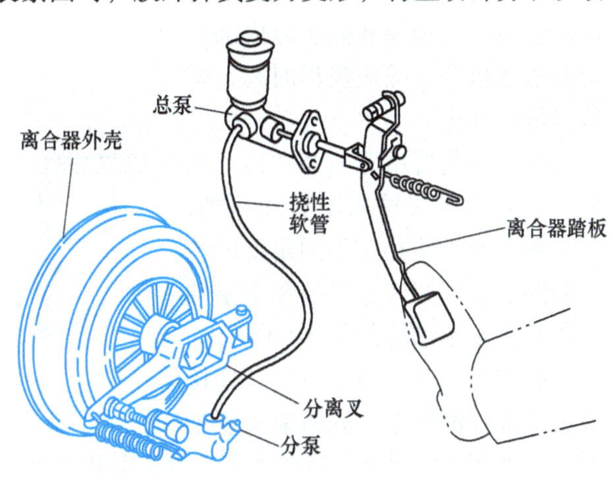

图 3-2 离合器液压式操作机构

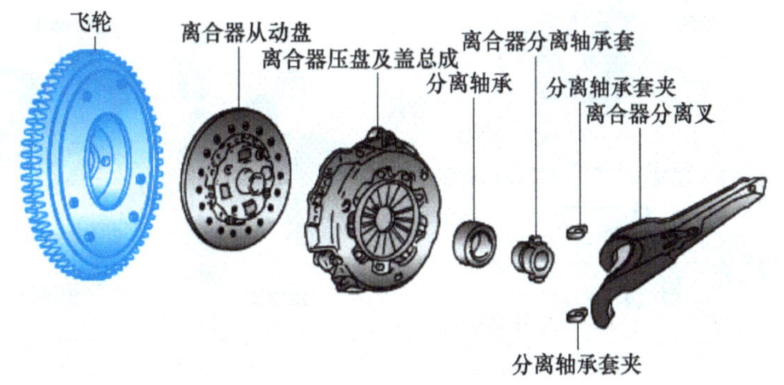

图 3-3 膜片弹簧离合器的基本组成

手动变速器是驾驶人通过拨动变速杆档位，选择变速器内部不同对啮合齿轮的传动，实现变速器输入轴与输出轴之间转速和转矩的变化，如图 3-4 所示。当离合器接合时，发动机输出动力转矩通过离合器从动盘带动变速器输入轴（一轴）。通过一轴和中间轴（二轴）上一对常啮合齿轮，发动机动力转矩带动二轴转动。二轴和输出轴（三轴）上布置了五对常啮齿轮和倒档齿轮，其中二轴上安装固定主动齿轮，三轴上安装可空转的从动齿轮。驾驶人通过改变变速杆位置拉动变速推杆上的拨叉，推动相应同步器中接合套滑动接合到所需档位齿轮中的接合齿上，实现驾驶人所需档位转速和转矩输出。前进档位驱动力矩传动路线为：输入轴（一轴）常啮合主动齿轮→中间轴（二轴）常啮合从动齿轮→中间轴及中间轴上固结的所需档位主动齿轮→输出轴（三轴）上所需变换档位对应在输出轴上空转的从动齿轮（接合齿）→所需变换档位对应在输出轴上的同步器（同步器内部对应档位锁环→接合套→花键毂）→变速器输出轴。倒档位驱动力矩传动路线为：输入轴（一轴）常啮合主动齿轮

→中间轴（二轴）常啮合从动齿轮→中间轴及固结倒档主动齿轮→倒档轴上固结倒档中间齿轮→输出轴（三轴）上空转的倒档从动齿轮→倒档位对应在输出轴上的同步器（同步器内部对应档位锁环→接合套→花键毂）→变速器输出轴。变速器内的同步器结构设计复杂而精巧，能迅速使待接合齿轮的齿圈和同步器内部的接合套迅速接合，缩短换档时间，防止接合齿的冲击。

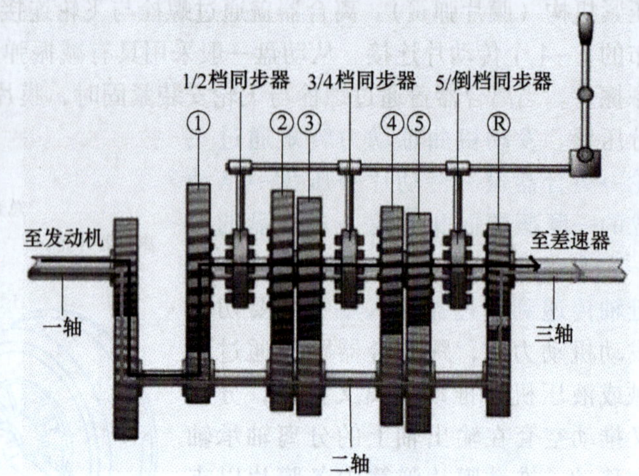

图 3-4 典型五档三轴式变速器的基本结构

万向传动装置由万向节和传动轴组成。万向节连接输入轴和输出轴，可以实现两轴轴线存在不同角度的传动，万向节有球笼式万向节和十字轴式万向节，基本结构如图 3-5 所示。

一般传动轴两端通过万向节连接到两个零部件的轴上，同时能实现轴向伸缩，如图 3-6 所示。目前乘用车普遍采用球笼式万向传动。

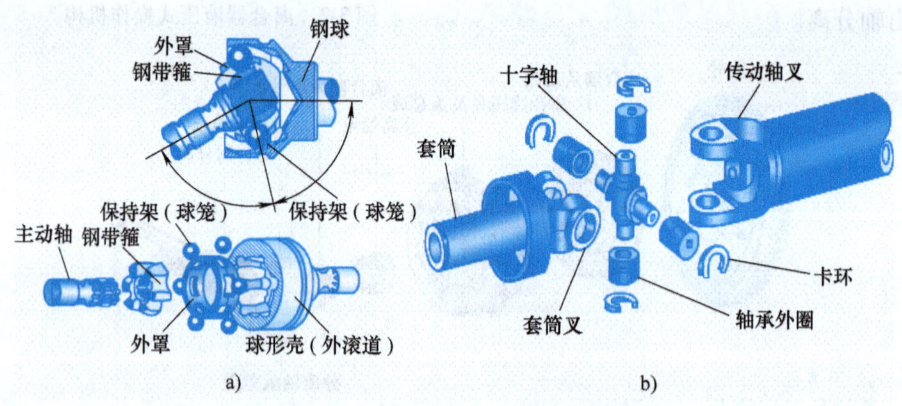

图 3-5 球笼式万向节和十字轴式万向节的基本组成

a）球笼式 b）十字轴式

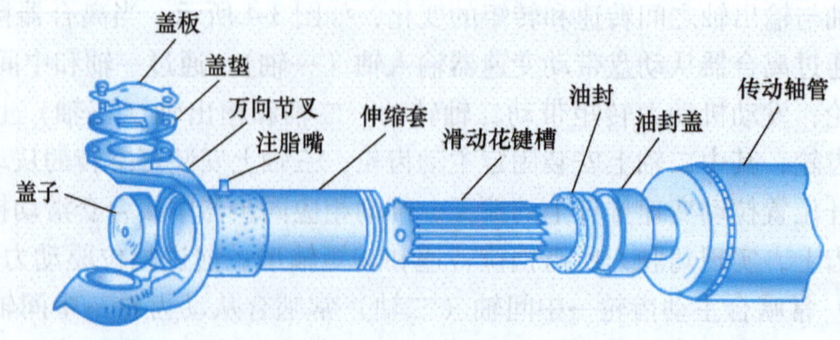

图 3-6 十字轴式万向传动的基本组成

驱动桥中主减速器将输入的转矩增大并降低车速，并根据车辆设计布置需求改变转矩方向；驱动桥中差速器将主减速器传来的动力传给左、右两半轴，根据路面附着状态，可允许左、右驱动轮半轴以不同转速转动，保持左、右车轮相对地面滚动而不滑动，驱动桥的基本组成如图3-7所示。

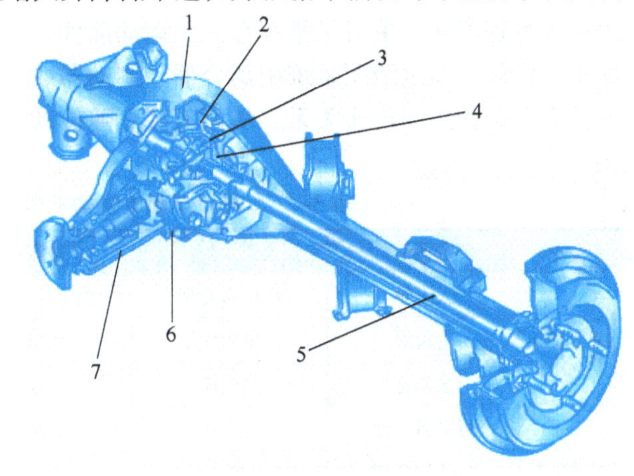

图 3-7 驱动桥的基本组成

1—后桥壳 2—差速器壳 3—差速器行星齿轮 4—差速器半轴齿轮 5—驱动半轴 6—主减速器从动齿轮齿圈 7—主减速器主动小齿轮

如图3-1所示，传统前置后驱车辆MT动力传递路线为：

发动机飞轮→离合器→手动变速器→万向传动装置（万向节和传动轴）→驱动桥主减速和差速器→左、右驱动半轴→左、右驱动轮。

问题引导2：传统后轮驱动车辆AT传动系统的工作原理是怎样的?

在传统后轮驱动车辆MT传动系统中，用自动变速传动装置取代离合器和手动变速器，就变成传统后轮驱动车辆AT传动系统。目前自动变速器变速装置主要采用行星排变速AT和金属带式的无级变速（Continuously Variable Transmission，CVT）。

自动变速器采用行星排齿轮传动，利用行星排特有的运动学传动特性，可以实现常啮合下不同档位传动比。单行星排包括齿圈、行星轮、太阳轮和行星架四大转动部件，如图3-8所示。单级行星轮传动指太阳轮与齿圈间啮合通过一级行星轮传动，辛普森式自动变速器采用单级行星轮单行星排变速方式，运动方程为

$$n_1 + \alpha n_2 - (1+\alpha)\ n_3 = 0$$

式中 n_1——太阳轮转速；

n_2——内齿圈转速；

n_3——行星齿轮架转速；

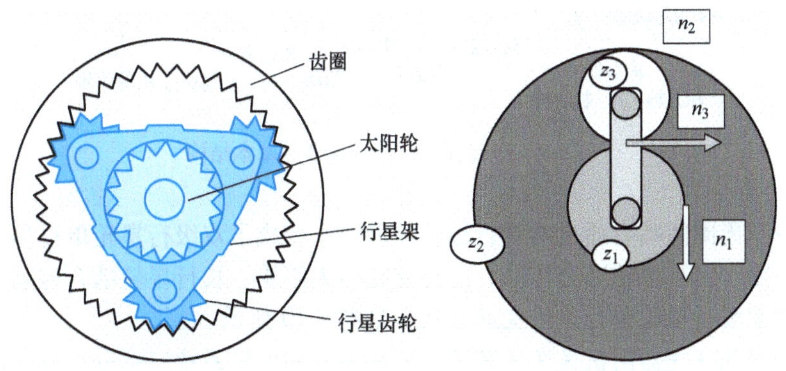

图 3-8 单级行星轮单行星排基本组成和运动简图

α——内齿圈齿数/太阳轮齿数 $=z_2/z_1$。

由运动方程可知，单行星排存在三个运动部件，即太阳轮、内齿圈和行星齿轮架，运动方程属于不定解。通过液压系统中离合器、制动器或单向离合器锁定方程中其中一个运动部件，方程有明确的运动传递关系，从而实现变速传动。单排行星齿轮机构不同动力传动方式见表 3-1。

表 3-1 单排行星齿轮机构不同动力传动方式

序号	特性	主动件	从动件	锁定件	传动比	备注
1	减速增矩	太阳轮	行星齿轮架	内齿圈	$1+\alpha$	
2		内齿圈	行星齿轮架	太阳轮	$1+(1/\alpha)$	
3		太阳轮	内齿圈	行星齿轮架	$-\alpha$	（倒档）
4	增速增矩	行星齿轮架	内齿圈	太阳轮	$\alpha/(1+\alpha)$	
5		行星齿轮架	太阳轮	内齿圈	$1/(1+\alpha)$	
6		内齿圈	太阳轮	行星齿轮架	$-1/\alpha$	
7	任意两个连成一体				1	（直接档）
8	既无元件制动又无任两元件连成一体					（空档）

当采用单级行星轮传递的行星排变速 AT 即辛普森式自动变速器（图 3-9）时，自动变速传动系统增加液力变矩器和自动变速器。其中，液力变矩器位于发动机和机械变速器之间，以变速器油为工作介质，起到传递转矩、变矩、变速及离合的功用；自动变速器中的机械变速器不同于手动变速器，手动变速器通过挂接不同啮合齿轮实现对不同档位的需求。

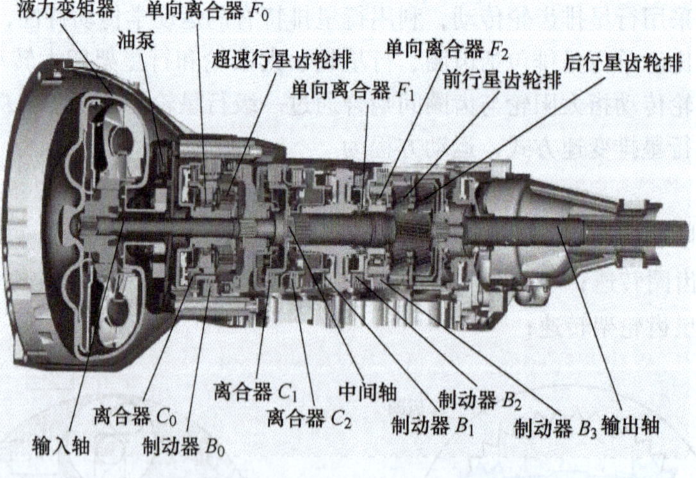

图 3-9 辛普森式自动变速器的基本结构

当太阳轮与齿圈间啮合通过两级行星轮传动时，变成了双级行星轮单行星排传动，存在长行星轮与齿圈、短行星轮啮合传动，短行星轮与太阳轮、长行星轮啮合传动。拉维娜式自动变速器采用双级行星轮单行星排变速方式，如图 3-10 所示。

传统电控自动变速器由机械变速装置、液压系统和电控系统三部分组成。机械变速装置在单行星排的基础上，考虑到变速结构空间与控制限制因素，辛普森式自动变速器采用多行星排联合传动实现变速。拉维娜式自动变速器采用双级长、短行星轮单行星排变速方式。档位离合器、档位制动器和单向离合器由液压系统控制。电控系统通过各传感器信号，选择适当的控制策略，去控制液压系统中油路电磁阀的油压，实现对液压系统的控制。传统电控自动变速器的基本工作原理如图 3-11 所示。

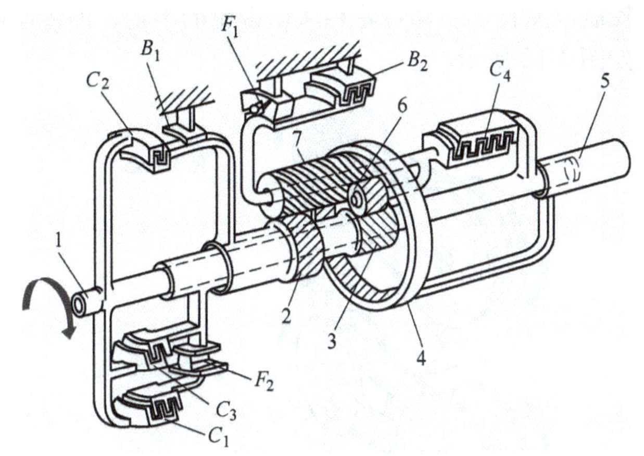

图 3-10　拉维娜式自动变速器的基本结构

1—输入轴　2—大太阳轮　3—小太阳轮　4—齿圈

5—输出轴　6—短行星轮　7—长行星轮

$C_1 \sim C_4$—档位离合器　$B_1 \sim B_2$—档位制动器　F_1—单向离合器

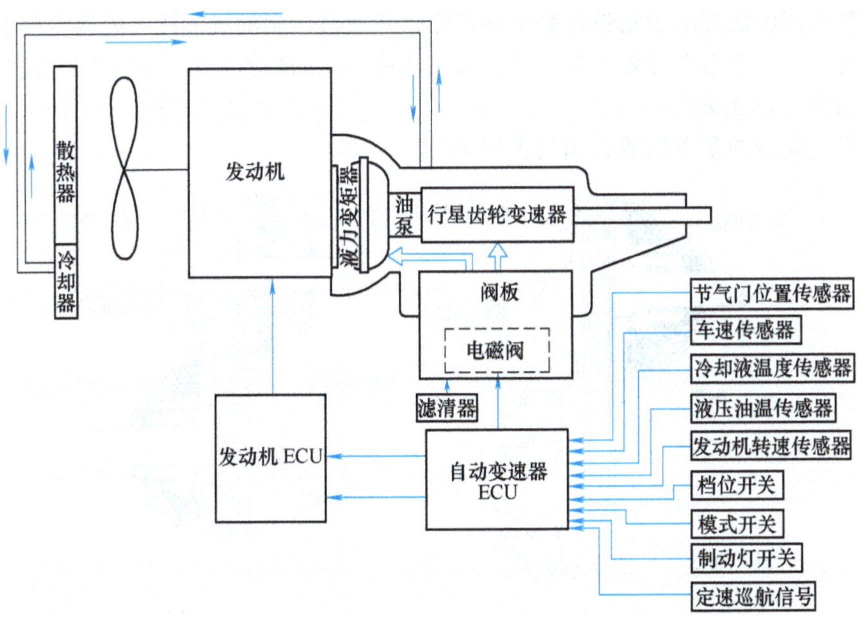

图 3-11　传统电控自动变速器的基本工作原理

传统后轮驱动车辆 AT 动力传递路线为：

发动机飞轮→液力变矩器→自动变速器→万向传动装置（万向节和传动轴）→驱动桥（主减速和差速器）→左、右驱动半轴→左、右驱动轮。

除上所述自动变速器形式，目前小型乘用车也常采用金属带式的无级变速。基本原理是根据车辆行驶需求，控制改变传动主动带轮和从动带轮的半径，即传动比变化，实现动力传动速度可连续变化，如图 3-12 所示。

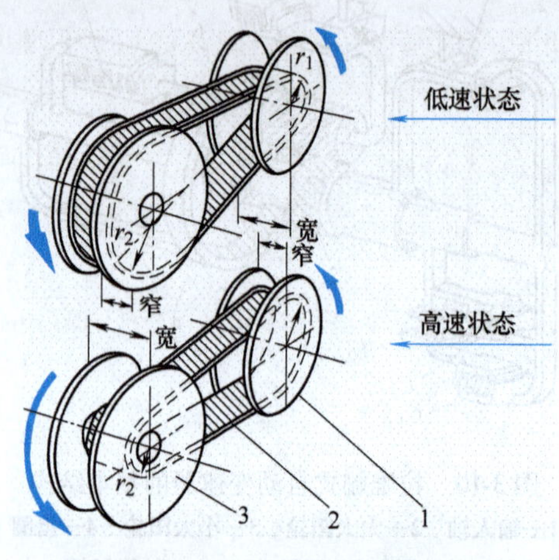

图 3-12　CVT 变速原理

1—主动带轮　2—金属带　3—从动带轮

通过具有液压油缸的主动带轮和从动带轮，并通过控制油缸油压，能改变楔形带轮宽度尺寸，即改变了传动带在带轮上的半径，可完成传动比的数值变化控制，实现连续高速和低速传动，如图 3-13 所示。

某无级变速器的基本组成，如图 3-14 所示。

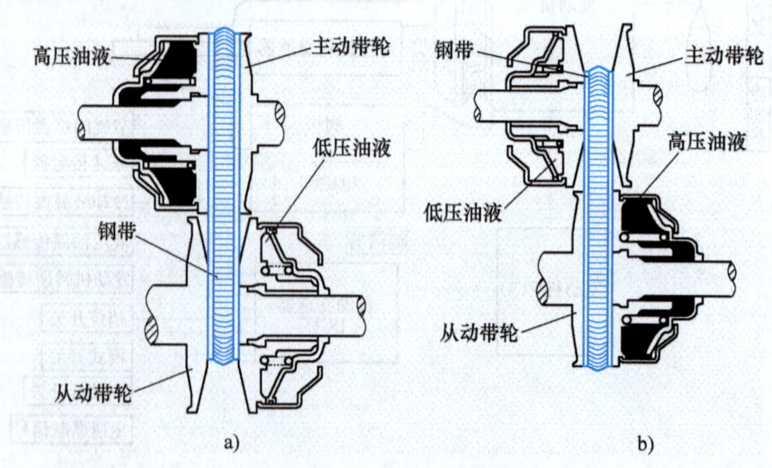

图 3-13　CVT 变速实现原理

a）高传动比　b）低传动比

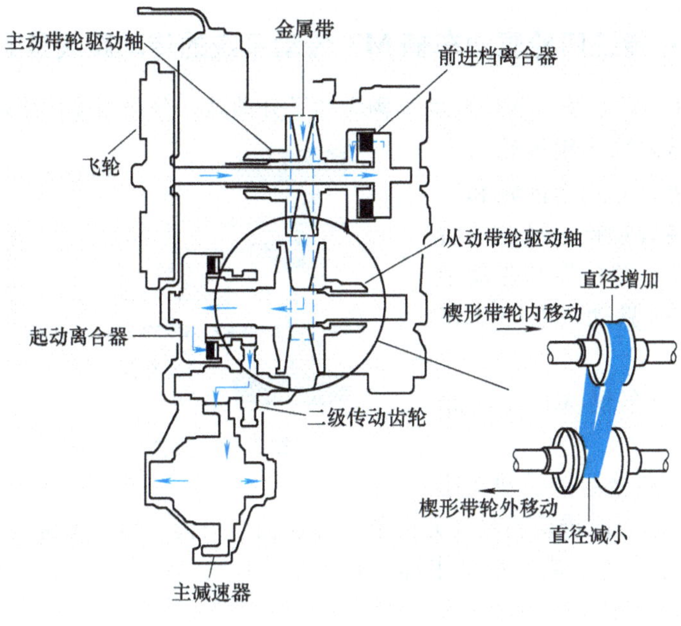

a)

b)

图 3-14　某无级变速器的基本组成

a）原理图　b）结构图

1—输入轴　2—驱动半轴　3—电磁离合器　4—电刷架　5—换档拉索　6—从动带轮
7—金属带　8—油泵　9—换档机构　10—液压控制阀板　11—主动带轮

问题引导3：传统四轮驱动车辆 MT 传动系统的传动路线是怎样的？

相比手动变速传动系统，四轮驱动车辆增加了分动器。分动器连接手动或自动变速器输出轴，通过分动器内部多组齿轮啮合传递，将动力输出，分别与前轮和后轮驱动万向传动装置连接，经过前后驱动桥中主减速器、差速器和驱动半轴，实现车辆四轮驱动，如图 3-15 所示。

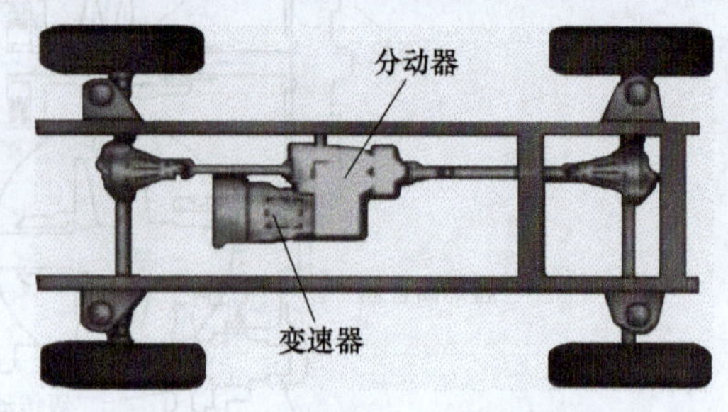

图 3-15 四轮驱动车辆传动示意图

传统四轮驱动车辆 MT 传动路线为：

发动机飞轮→离合器→手动变速器→分动器→前、后万向传动装置（万向节和传动轴）→前、后驱动桥（主减速和差速器）→前（左、右）、后（左、右）驱动半轴→前（左、右）、后（左、右）驱动轮。

学习任务二 纯电动汽车动力传动认知

知识准备

在纯电动汽车中，驱动电机动力输出代替传统车中发动机输出动力，电动汽车动力传动装置有了很大的不同。一般认为动力传动装置是指将动力从发动机传递到驱动轮的所有应用系统。车辆牵引动力装置的理想运行特性如图 3-16 所示，在车辆全车速范围内保持恒功率输出，即驱动轮转矩随车速呈双曲线变化。在图 3-16 中低转速区，驱动转矩设定为恒定值，也就是车轮驱动力为恒定值，并限制小于轮胎与地面产生的附着力值。“低速大转矩，高速恒功率”是车辆牵引动力传动装置的理想运行目标。

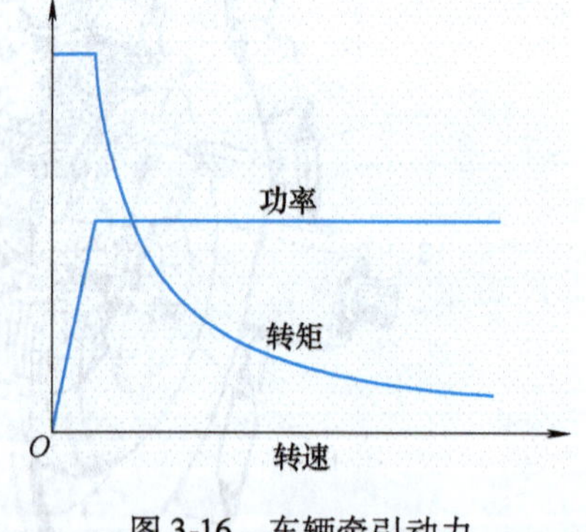

图 3-16 车辆牵引动力装置的理想运行特性

问题引导1：传统车辆的动力运行特性是怎样的？

传统车辆动力传动装置采用汽油发动机动力输出和变速器变换输出转速转矩方式，实现车辆驱动力（矩）。典型汽油发动机的运行特性如图 3-17a 所示，输出转矩、功率与车辆牵引力理想运行有差距，通过在传动系统中增加变速器装置，结合车辆行驶工况，通过档位变换，去趋近车辆牵引力理性运行需求，如图 3-17b 所示。

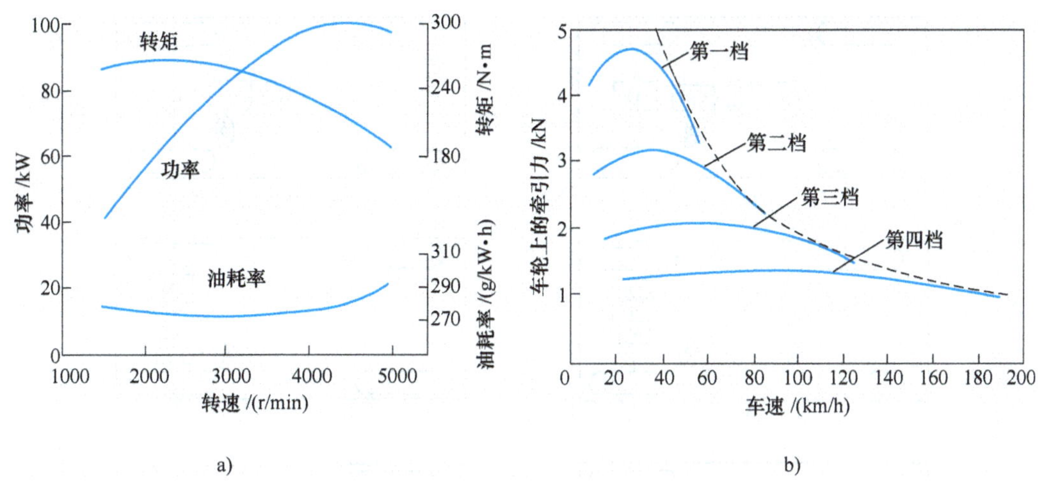

图 3-17　汽油机车辆动力运行特性

a）典型汽油机运行特性　b）牵引动力装置运行特性

问题引导 2：电动汽车的动力运行特性是怎样的？

电动汽车动力传动装置中采用驱动电机动力输出（或有增加单档减速器变换输出）转速转矩方式，实现车辆驱动力（矩）。在电机控制系统的控制下，驱动电机可以实现比较理想的运行特性，如图 3-18a 所示，输出转矩、功率与车辆所需求的牵引力理想运行相似，通过选定合适额定功率的电机，在功率恒定大范围区，传动系统中增加单档减速器装置，能实现“低速大转矩，高速恒功率”车辆牵引动力传动装置的理想运行目标，如图 3-18b 所示。

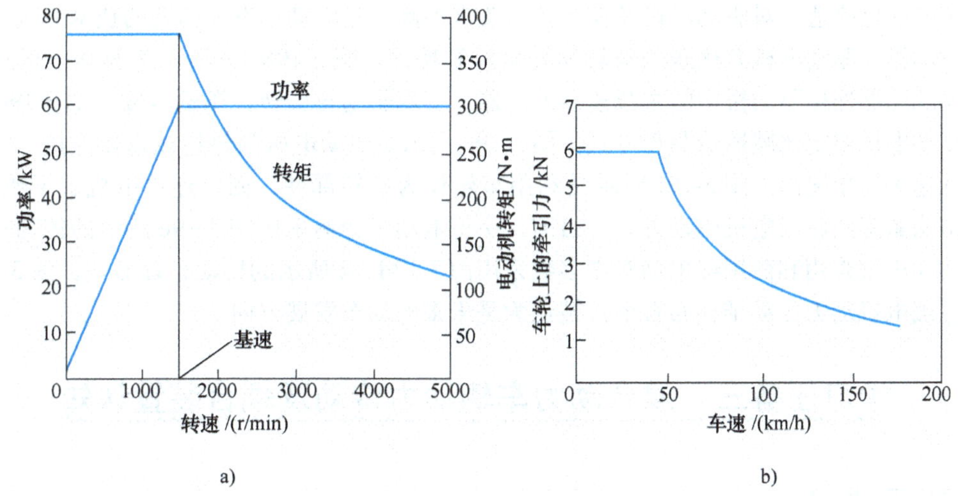

图 3-18　电动汽车动力运行特性

a）典型驱动电机运行特性　b）牵引动力装置运行特性

由此可见，驱动电机输出特性与发动机输出特性有很大差别，体现在动力传动装置与布置方式有很大变化，相应的电动汽车变速器可以大大简化。纯电动汽车动力传动装置的结构布置形式如图 3-19 所示。

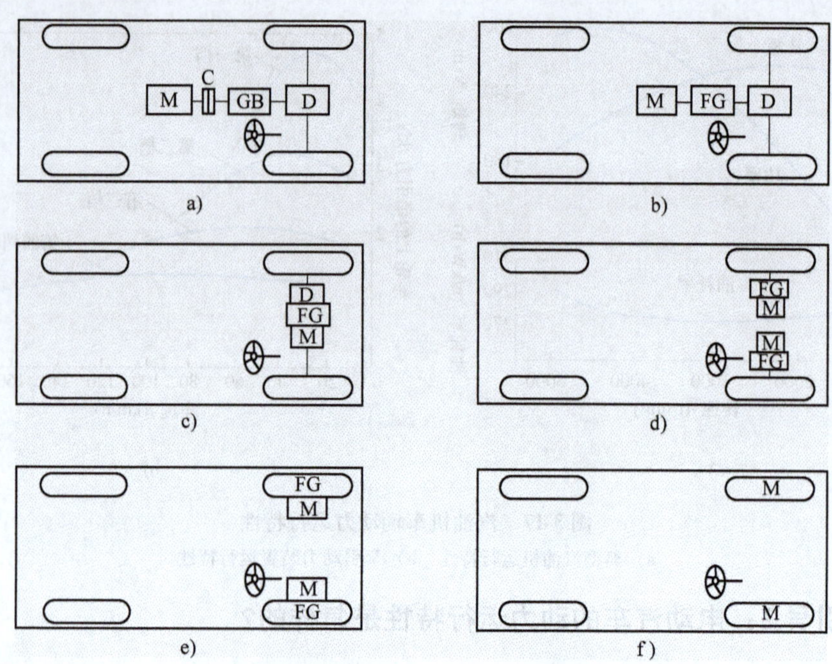

图 3-19　纯电动汽车动力传动装置结构布置形式

M—驱动电机　C—离合器　GB—变速器

D—主减速器和差速器　FG—定比减速器

图 3-19a 所示形式是在传统车辆中发动机被电机取代，其他传动装置未变动，属于传统燃油车电动化改造，对驱动电机及控制技术要求不高，是电动车发展初期的技术方案。相比燃油发动机，驱动电机有优越的宽转速转矩控制特性，图 3-19b、c 所示为驱动电机直接通过定比减速器连接驱动桥中的主减速器差速器，实现驱动轮旋转，车辆行驶。图 3-19d 所示为双驱动电机双定比减速器驱动方式。图 3-19e 所示是驱动电机与轮边减速器连接，实现驱动轮低速大转矩输出。图 3-19f 所示是利用车轮作为旋转部件，固定连接电机定子或转子，实现结构紧凑的轮毂电机驱动方式。目前，小型电动车普遍采用图 3-19c 所示的传动布置形式，在大中型乘用和商用纯电动车中多数采用图 3-19d、e 所示的传动布置形式，图 3-19f 所示的轮毂电机动力传动结构布置形式被认为是未来电动车发展方向。

学习任务三　混合动力车辆动力传动及耦合装置认知

知识准备

目前，混合动力车辆通常是指包含燃油发动机和电能驱动电机两种动力源的车辆。混合动力车辆传动系统比传统车辆和纯电动车辆动力传动系统都技术复杂。

问题引导 1：混合动力车辆的混合方式有哪几种？

混合动力车辆混合方式分类如图 3-20 所示。

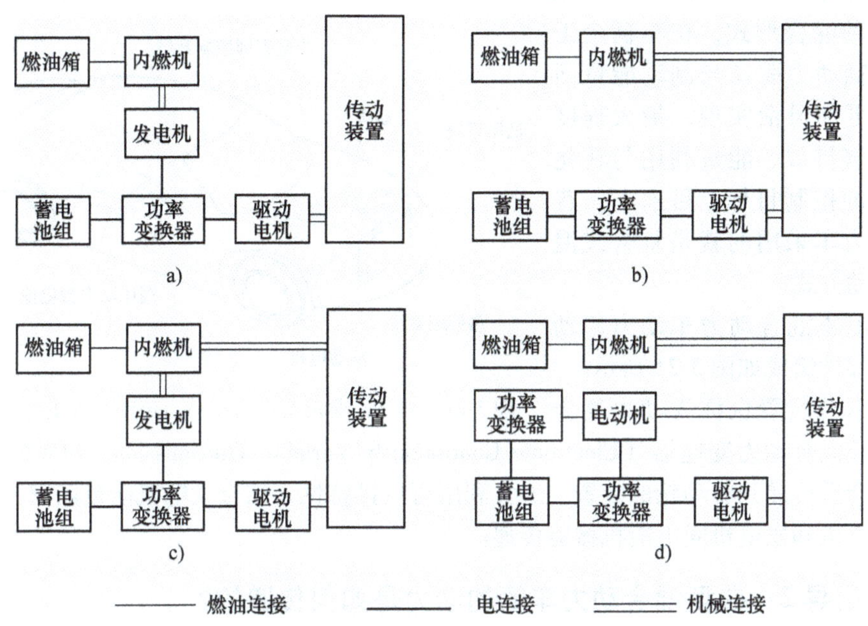

图 3-20 混合动力车辆混合方式分类

a）串联式混合型 b）并联式混合型 c）混联式混合型 d）复合式混合型

1）图 3-20a 所示为串联式混合型动力车辆，也称为增程式混合动力车辆。其结构特点是发动机动力不直接传递到驱动轮，发动机只驱动发电机，全部动力转变为电能供给功率变换器（或通称控制器）；控制器与发电机、动力蓄电池和驱动电机通过电气连接；驱动电机连接驱动桥到驱动轮。控制器是核心部件，根据控制策略不同，可以控制动力蓄电池输出电能到驱动电机，可以控制发动机带动发电机生产的电能为动力蓄电池充电或供给驱动电机，也可以实现当车辆制动时，驱动电机处于发电状态，驱动电机发电，电能通过控制器回收到动力蓄电池。在小负荷工况，发动机不工作，动力蓄电池驱动车辆行驶。在发动机高转速范围工况，发动机带动发电机发电，并将大部分电能提供给驱动电机，并能把多余的电能存储到动力蓄电池中。

2）图 3-20b 所示为并联式混合型动力驱动方式。其结构特点为可以同时使用电机和发动机来驱动车辆。两种动力通过动力耦合装置，实现动力合成后连接驱动桥到驱动轮。由于动力耦合方式存在转矩耦合、转速耦合等方式，结合车辆驱动轮布置不同，并联混合动力驱动控制方式存在多种类型。在小负荷工况，发动机效率低，只由动力蓄电池供电，驱动电机驱动车辆行驶。在中等负荷工况，充分利用发动机最佳效率，由发动机驱动车辆行驶。在大负荷工况，发动机和驱动电机一起驱动车辆行驶。在制动工况，驱动电机回收电能到动力蓄电池。

3）图 3-20c 所示为混联式混合型动力驱动方式。其结构特点综合了串联式和并联式混合动力传动的优点，根据车辆不同工况，车辆动力驱动可以更加灵活实现，很大程度满足了废气排放、能量利用与转化效率较佳的控制目标。

4）图 3-20d 所示为复合式混合型动力驱动方式。其结构特点为更加复杂，采用两个电机，两个电机转子轴和发动机输出轴通过单行星排连接在一起，达到转矩、转速复合连接。相比前三种混合形式，在车辆全工况下，车辆动力驱动与制动能量回收，可以更加灵活实现，最大程度满足了废气排放、能量利用与转化效率最佳的控制目标。目前丰田普锐斯混动力车采用的就是复合式混合动力驱动方式。

典型前驱混合动力车动力传动装置主要部件组成如图 3-21 所示。

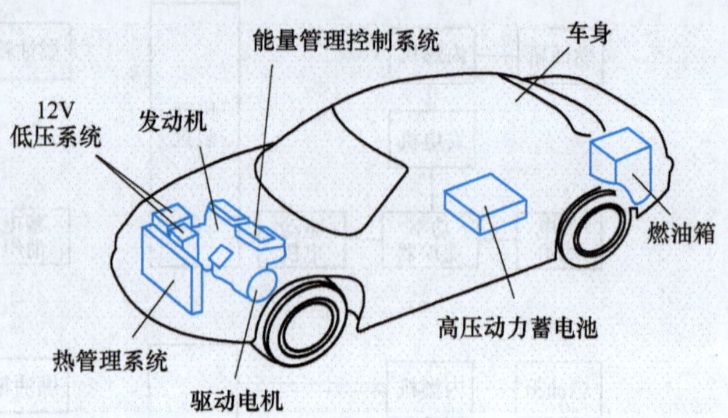

图 3-21 典型前驱混合动力车动力传动装置主要部件组成

动力耦合装置也称为动力复合装置或电控混合动力变速器（Electronic Continuously Variable Transmission，ECVT），是将两种动力耦合后传递到驱动轮的装置。通常利用行星排特性，结合发电机能量回馈，完成发动机、驱动电机和发电机间电能机械能传递。

问题引导 2：典型混合动力车辆的动力是如何传递的？

丰田普锐斯汽车的动力传动和复合装置即混合动力系统（Toyota Hybrid System，THS）如图 3-22 所示。

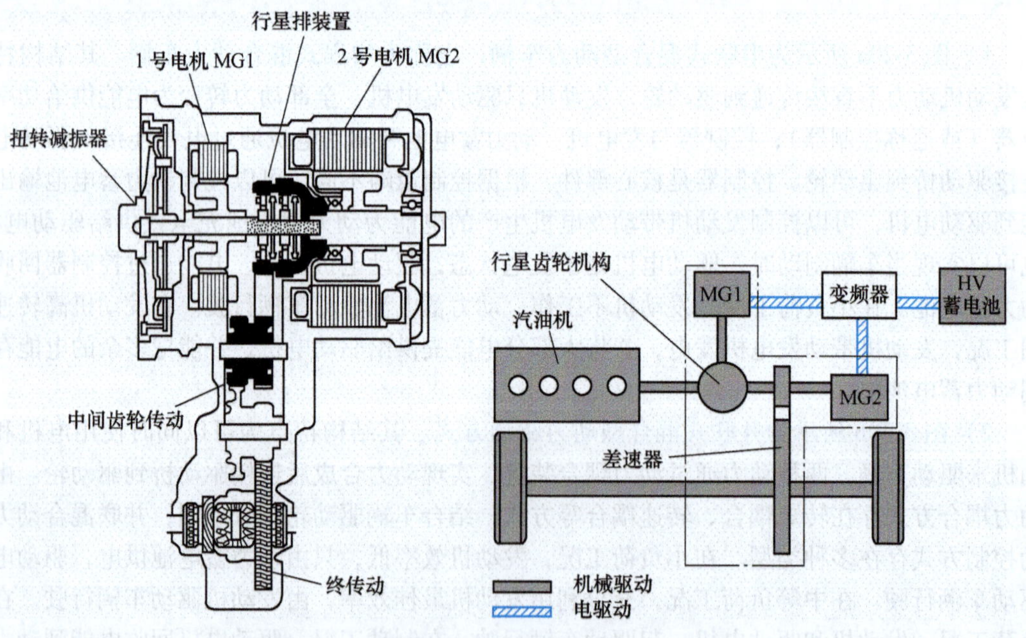

图 3-22 丰田普锐斯 THSII 动力混合分析简图

在图 3-22 中，发动机输出轴与行星排中行星架固结。1 号电机 MG1 与行星排中的太阳轮固结。2 号电机 MG2 转子轴与行星排中齿圈固结，并与主动链轮轴固结，通过链条与驱动桥动力传递。动力传递工况控制策略分析如下：

1）发动机热机或低速起动发动机工况。混合电控模块 HV-ECU 起动 MG1，MG1 处于电动状态并带动发动机起动，从而起动发动机，同时，为了防止环齿轮转动并驱动车轮，MG2 处于电动状态以施加制动，这个功能称为反作用控制或起动控制。定义 MG1、MG2 和发动机动力输出轴转矩与输出转速逆时针为正方向，两者乘积为输出功率，当输出功率为正值时，表示能量输出，反之为能量输入。在发动机热机或低速起动发动机工况时，功率传递路线如图 3-23 所示。

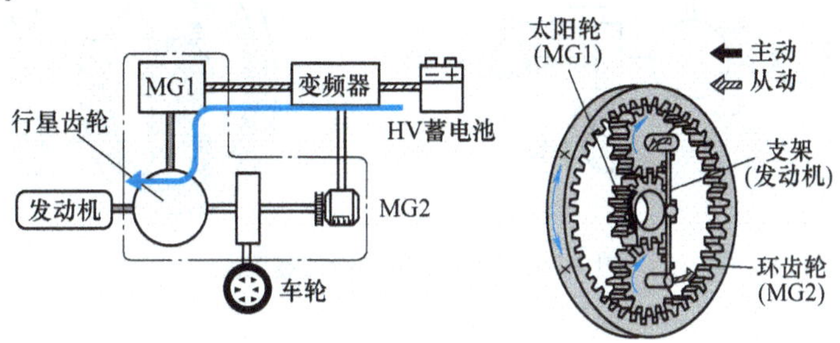

图 3-23　发动机热机或低速起动发动机工况

2）车辆中低速行驶工况。为了避免传统车辆起步和中低速工况下发动机燃油经济性和排放指标不良的缺点，混合动力车辆采取 MG2 纯电动工况起动。MG2 驱动车辆起步后，在中低速工况下车辆仅由 MG2 驱动，这时发动机保持停止状态，MG1 以反方向旋转而不发电，功率传递路线如图 3-24 所示。

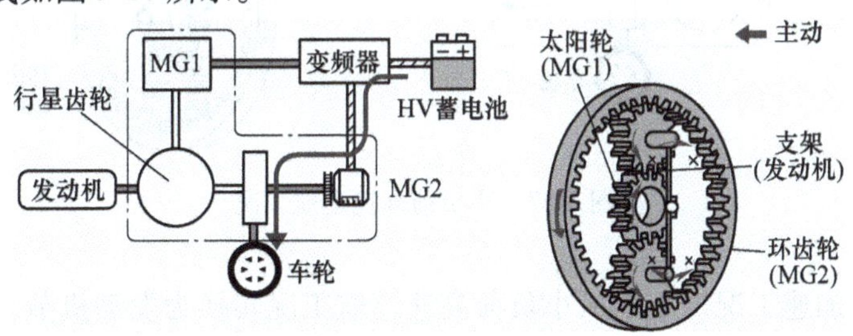

图 3-24　车辆中低速行驶工况

3）中高速上坡或急加速初始工况。当车辆开始处于中高速上坡和急加速等大负荷工况时，车辆由纯电动模式开始转为混合动力模式，此时的发动机起动控制。在纯电动工况即只有 MG2 工作时，如果增加所需驱动转矩，MG1 将起动发动机工作，此时 MG1 和 MG2 通过行星排与起动后的发动机动力复合，共同驱动车轮，功率传递路线如图 3-25 所示。

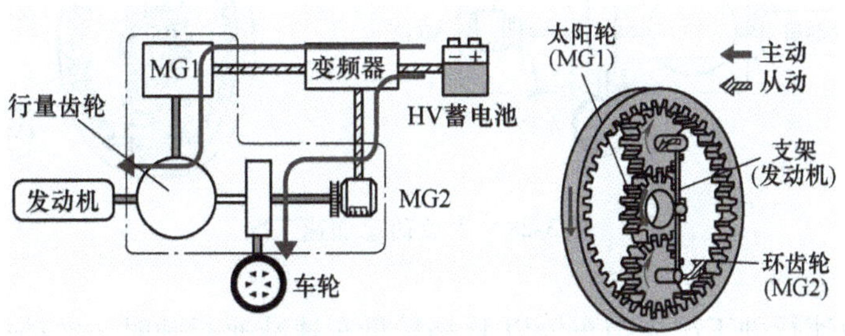

图 3-25　中高速上坡或急加速初始工况

4）MG1 发电和微加速工况。在中低车速小负荷工况下，此时已经起动的发动机运行在最佳油耗转速下，发动机动力将使 MG1 作为发电机状态为高压动力蓄电池（HV 蓄电池）充电，并通过变频器向 MG2 供电，功率传递路线如图 3-26 所示。

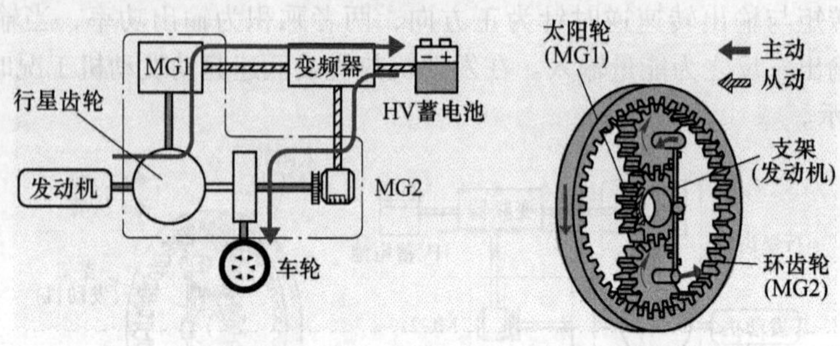

图 3-26　MG1 发电和微加速工况

5）小负荷高速巡航工况。车辆以小负荷高速巡航时，发动机的动力由行星齿轮分配，其中一部分动力直接输出，剩余动力用于 MG1 发电，动力传递路线如图 3-27 所示。

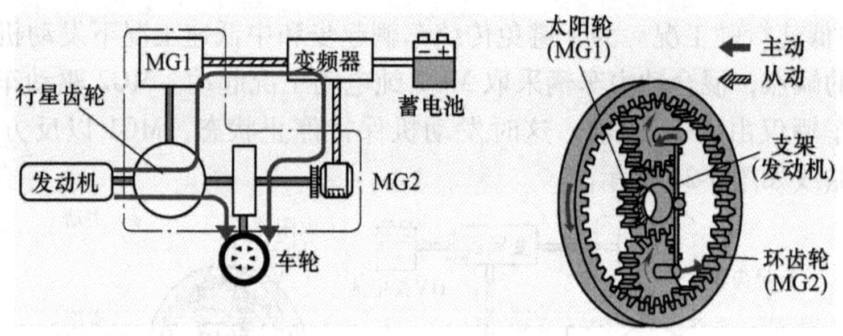

图 3-27　小负荷高速巡航工况

6）大负荷急加速工况。车辆从小负荷高速巡航工况转换为发动机节气门全开大负荷急加速工况时，系统将在保持发动机和 MG2 动力驱动的基础上，进一步通过高压蓄电池给 MG2 提供电能，此时发动机、MG1、MG2 全部给汽车驱动轮提供动力，克服大负荷急加速工况的车辆阻力，功率传递路线如图 3-28 所示。

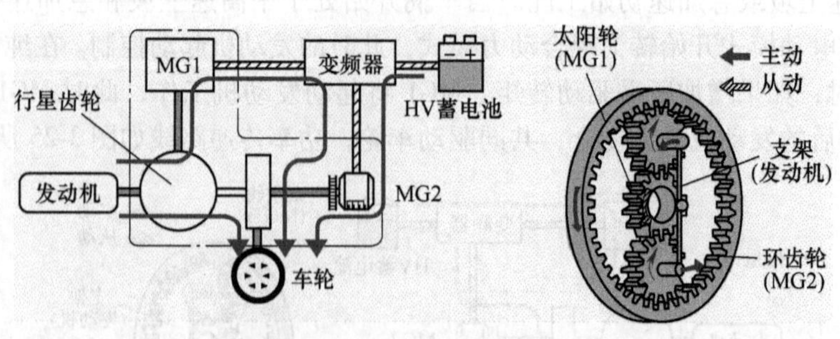

图 3-28　大负荷急加速工况

7）低车速减速行驶工况。当车辆以 D 档较低车速减速行驶时，发动机停止工作，给车轮的驱动力为零。车轮驱动 MG2 处于发电状态，通过变频器、DC/DC 变换器等回收电路，实现能量回收。功率传递路线如图 3-29 所示。

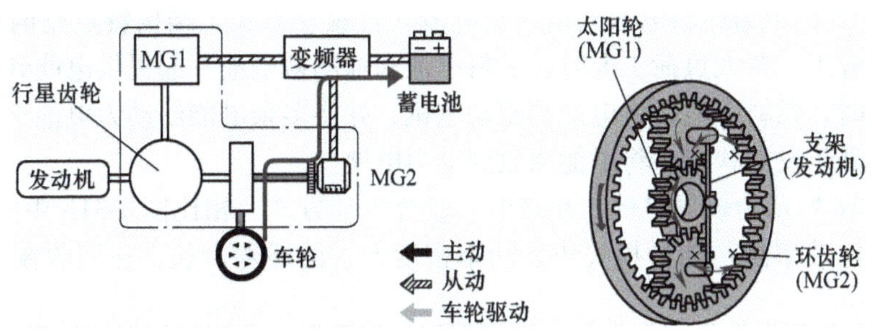

图 3-29　低车速减速行驶工况

此外，除前述的混合动力传动方式外，对四轮驱动车辆，结构原理上可以采用动力传动和复合装置之后增加分动器的类似传统四驱车布置方式。缺点是增加了动力传动零部件。目前，混合动力四驱车辆或 SUV 车辆普遍采用双模驱动方式即前轮驱动力采用发动机 + 电机混合驱动力，后轮采用电机驱动力。典型混合动力四驱车辆双模驱动如图 3-30 所示。MG1、MG2 和发动机复合组成前轮驱动力，MG2 输出动力驱动后轮。

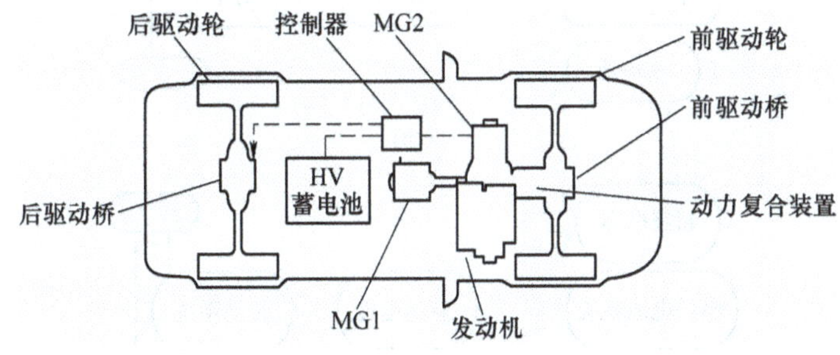

图 3-30　典型混合动力四驱车辆双模驱动示意图

学习任务四　燃料电池电动汽车动力传动认知

知识准备

燃料电池电动汽车是指采用燃料电池作为电源的电动汽车。燃料电池是一种把燃料所具有的化学能直接转换成电能的化学装置，又称为电化学发电器。目前，氢气是燃料电池首选燃料，在燃料电池内部，通过氢气与空气中氧气之间质子交换膜化学作用，生成水并产生电能。

问题引导：燃料电池电动汽车的动力传动方式有哪些？

目前，燃料电池电动汽车动力传动方式如图 3-31 所示。

1）图 3-31a 所示为燃料电池驱动方式。结构特点是只有燃料电池为驱动电机动力源，燃料电池直接将产生的电能通过控制器提供给驱动电机，驱动电机转化为机械能再通过传动系统，驱动车辆行驶。

2）图 3-31b 所示为燃料电池与辅助蓄电池联合驱动方式。结构特点是两种电池根据车辆工况不同有分工。在大负荷工况时，燃料电池和辅助蓄电池一起提供电能到驱动电机；在中小负荷工况时，燃料电池提供电能到驱动电机，并将多余电能给动力电池充电；在车辆制动时，驱动轮处于发电状态，将电能回收到动力电池。

3）图 3-31c 所示为燃料电池与超级电容联合驱动方式。相比图 3-31b 中的动力蓄电池，超级电容充放电效率高、能量损失小、功率密度大、循环寿命长，在回收制动能量方面有优势。

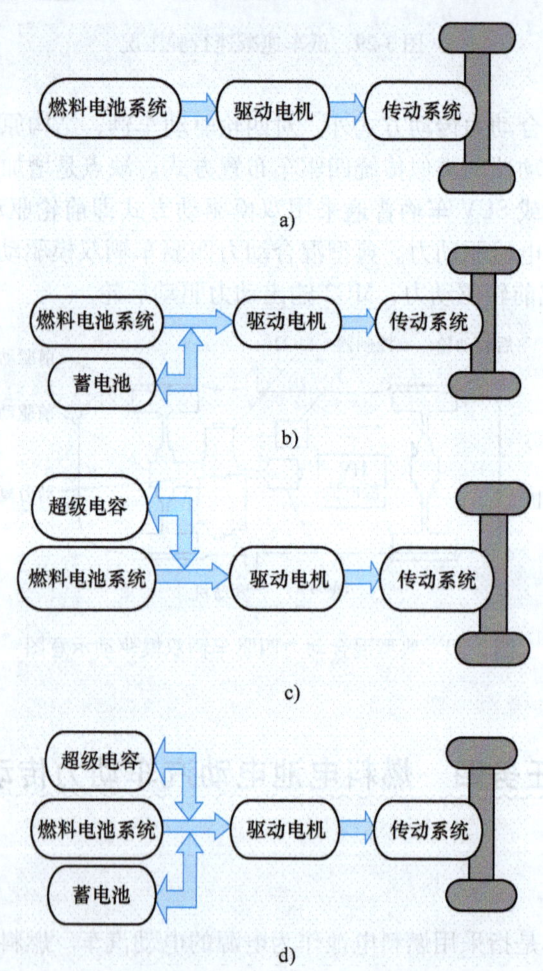

图 3-31 燃料电池电动汽车动力传动方式

a）纯燃料电池驱动 b）燃料电池与辅助蓄电池联合驱动
c）燃料电池与超级电容联合驱动 d）燃料电池、辅助蓄电池与超级电容联合驱动

4）图中 3-31d 所示为燃料电池、辅助蓄电池和超级电容联合驱动方式。综合了上面三种驱动方式的优点，实现了燃料电池平稳能量输出，能量流变化低频部分由蓄电池承担，高

频部分由超级电容承担，可以实现多工况下，车辆能量利用与转化最佳效能目标。

在四种混合驱动中，燃料电池 + 电池 + 超级电容（FC + B + C）组合被认为能够最大限度满足整车的起动、加速、制动的动力和效率需求，但成本最高，结构和控制也最为复杂。目前，燃料电池电动汽车动力系统一般采用燃料电池 + 动力蓄电池（FC + B）组合。

典型燃料电池电动汽车动力传动分布如图 3-32 所示。

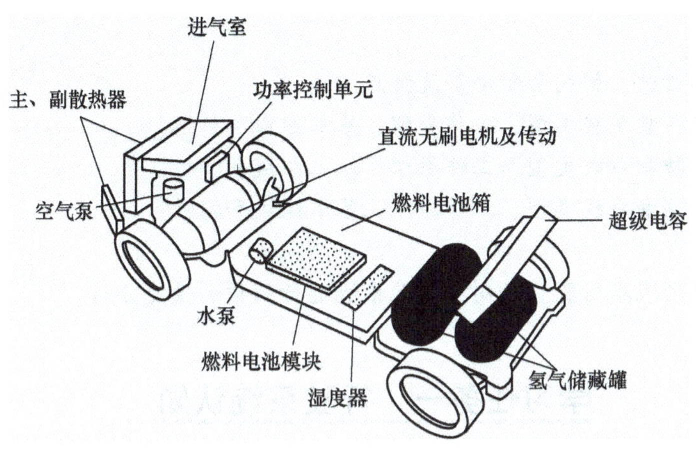

图 3-32　典型燃料电池电动汽车动力传动分布示意图

思 考 题

1. 简述传统燃油车辆前驱 MT 和后驱 MT 传动系统零部件组成的名称、动力传递路线。
2. 简述传统燃油车辆 AT 传动系统和 MT 传动系统零部件组成的区别。
3. 举例说明前驱和后驱纯电动汽车动力传递路线。
4. 纯电动汽车动力传动为什么不需要传统燃油车动力传动多档变速器？
5. 举例说明后驱混合动力车动力传递路线。
6. 混合动力车动力采取什么控制策略？
7. 氢燃料电池电动汽车与氢动力发动机汽车有何异同？

项目四 车辆行驶、转向和制动系统

学习目标：

了解电动汽车行驶、转向和制动系统特点。

掌握电动汽车行驶系统类型、工作原理、基本组成和特性。

掌握电动汽车转向系统类型、工作原理、基本组成和特性。

掌握电动汽车制动系统类型、工作原理、基本组成和特性。

能力目标：

能够对各类电动汽车行驶、转向和制动系统进行结构和性能分析。

学习任务一 行驶系统认知

知识准备

车辆行驶系统用于支承汽车的总重量，接收由发动机经传动系统传来的力矩，使驱动轮与地面发生作用，并将地面的作用力通过车桥、悬架传递到车身或车架，使车辆行驶。

行驶系统是指从车轮到车身或车架之间连接的零部件，划分为车轮总成、车桥、悬架和车身或车架四大部件。

问题引导1：车轮总成有哪几部分组成？

车轮总成包括车轮和轮胎两部分。驱动轮传递发动机传来的驱动力矩，轮胎与地面发生作用产生驱动力或制动力，并将地面驱动力传递到车桥、悬架和车身或车架上。车轮总成（图4-1）包括轮胎、车轮、气门嘴、饰罩、平衡块等。

车轮结构可以划分为轮辋、轮辐和轮毂三部分，如图4-2所示。

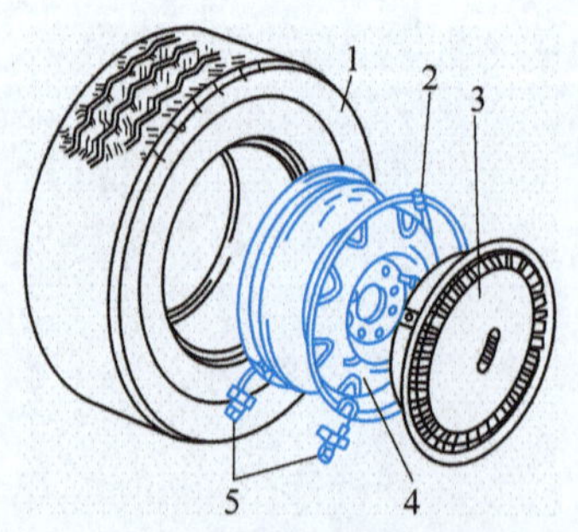

图4-1 车轮总成的基本组成

1—轮胎 2—气门嘴 3—饰罩

4—车轮 5—平衡块

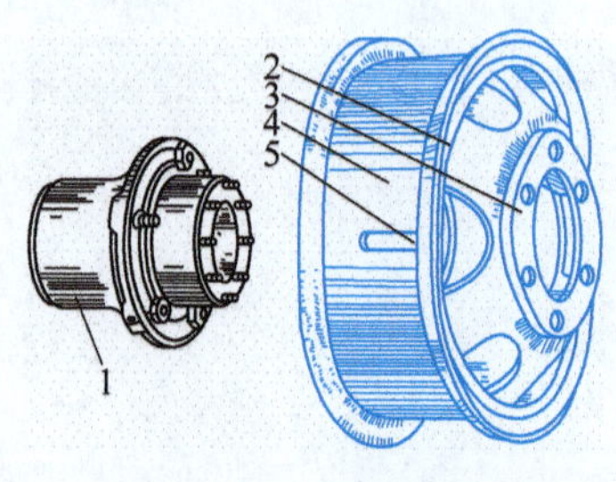

图4-2 车轮结构

1—轮毂 2—挡圈 3—轮辐

4—轮辋 5—气门嘴出口

车轮根据轮辐结构不同可划分为辐条式车轮和辐板式车轮，如图 4-3 所示；根据轮辋结构不同可划分为深槽车轮和平底车轮，如图 4-4 所示。

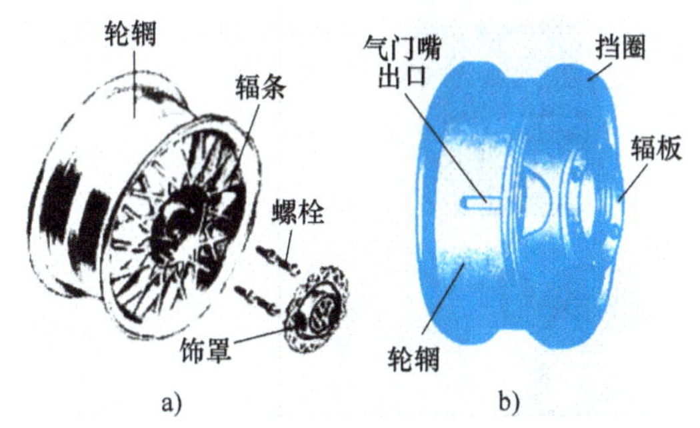

图 4-3　辐条式车轮和辐板式车轮

a）辐条式车轮　b）辐板式车轮

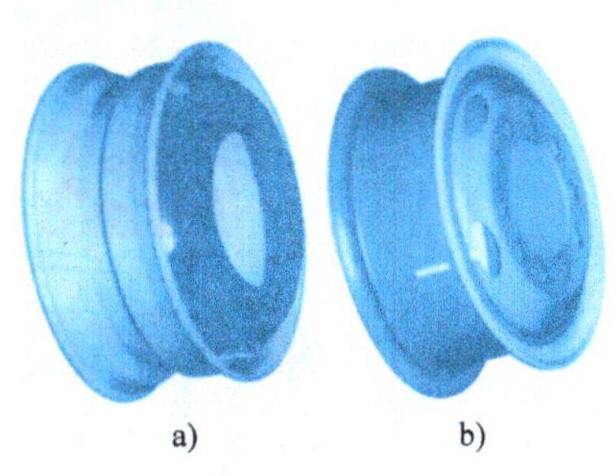

图 4-4　常见轮辋结构类型

a）深槽轮辋　b）平底宽轮辋

轮胎是车辆与地面的接触件，单个轮胎地面接触面如同明信片大小，通过轮胎胎体变形和与地面相接触的胎面的滑动摩擦，地面提供给车辆垂向支承反力、纵向和侧向作用力。轮胎基本结构的名称如图 4-5 所示。

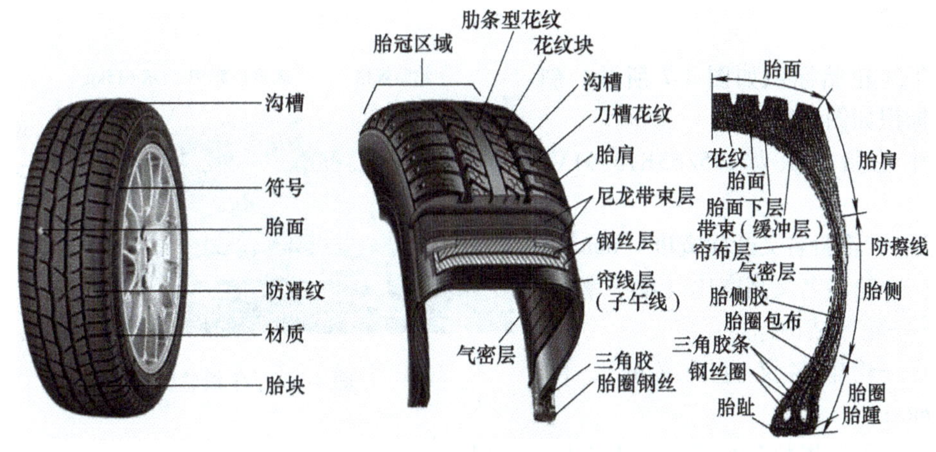

图 4-5　轮胎基本结构的名称

根据轮胎帘布层结构，可以将轮胎划分为子午线轮胎和斜交轮胎，如图 4-6 所示。斜交轮胎的帘布层和缓冲层各相邻层帘线交叉且与胎面中心线呈小于 90°排列，并从一侧胎边穿过胎面到另一侧胎边，层层相叠，成为胎体的基础，所以称为斜交轮胎，一般胎冠角为 50°~60°，帘布层数较厚，多在载重汽车中使用。子午线轮胎用钢丝或纤维织物作帘布层，帘布层与胎面中心线呈接近 90°排列，并从一侧胎边穿过胎面到另一侧胎边，帘线在轮胎分布如同地球子午线，称为子午线轮胎。在同等情况下考虑轮胎垂向承载变形和侧向变形，子午线轮胎比斜交轮胎的地面接触面积大，有更好的抓地性能，能增加车辆行驶稳定性。

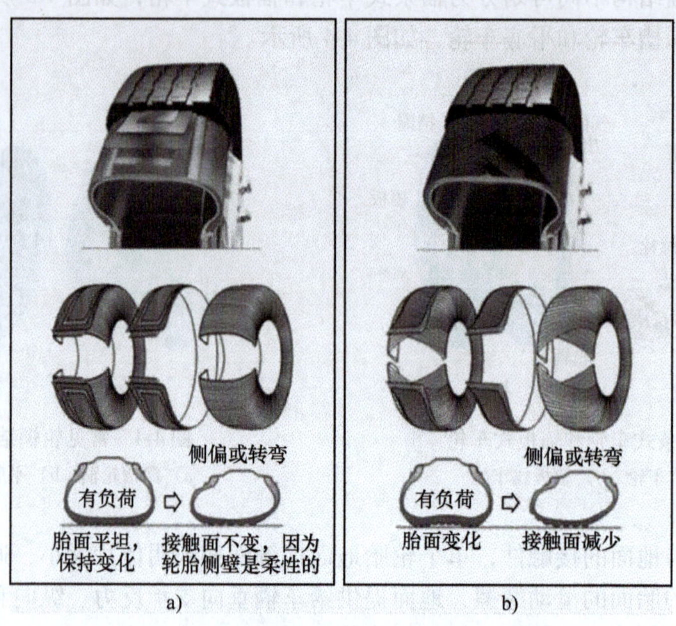

图 4-6 子午线轮胎和斜交轮胎的基本结构

a）子午线轮胎 b）斜交轮胎

子午线轮胎标识如图 4-7 所示，斜交轮胎标识如图 4-8 所示。

图中轮胎标识为 195/65R15 91V，其中：

195——轮胎名义断面宽度（mm）；

65——轮胎名义高宽比（扁平率）；

R——轮胎结构标志；

15——轮辋名义直径（in），1in =25.4mm；

91——负荷指数等级符号（表 4-1），615kg；

V——速度等级符号（表 4-2），240km/h。

图 4-7 子午线轮胎标识

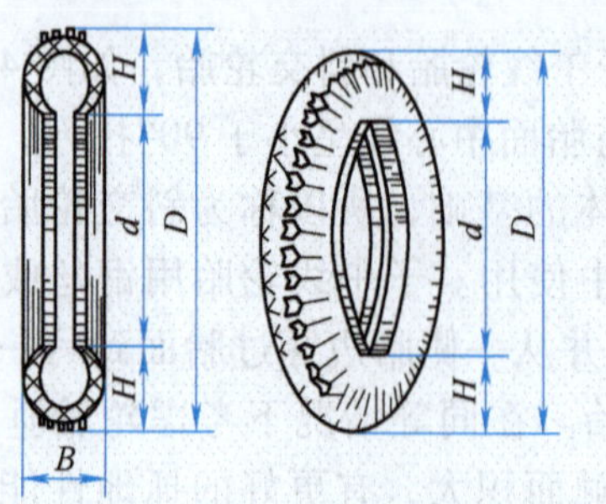

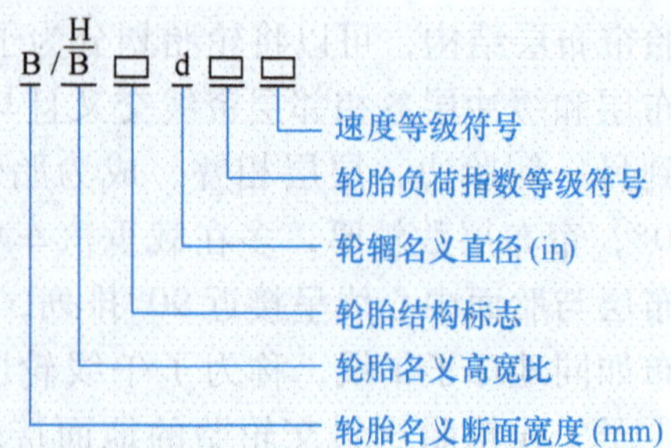

图 4-8 斜交轮胎标识

表 4-1　负荷指数等级符号

负荷指标	最大载重/kg	负荷指标	最大载重/kg	负荷指标	最大载重/kg
75	387	81	462	87	545
76	400	82	475	88	560
77	412	83	487	89	580
78	425	84	500	90	600
79	435	85	515	91	615
80	450	86	530	92	630

表 4-2　轮胎速度等级符号

符号	C	D	E	F	G	J	K	L	M	N	P	Q	R	S	T	U	H	V
km/h	60	65	70	80	90	100	110	120	130	140	150	160	170	180	190	200	210	240

根据轮胎结构可以将轮胎划分为有内胎轮胎和无内胎轮胎，如图 4-9 所示。无内胎轮胎要求轮胎与轮辋间有良好的密封性，结构简单，质量较小。缺点是轮胎爆破失效时，途中维修不便。无内胎轮胎目前得到广泛应用，乘用车几乎都使用无内胎轮胎。

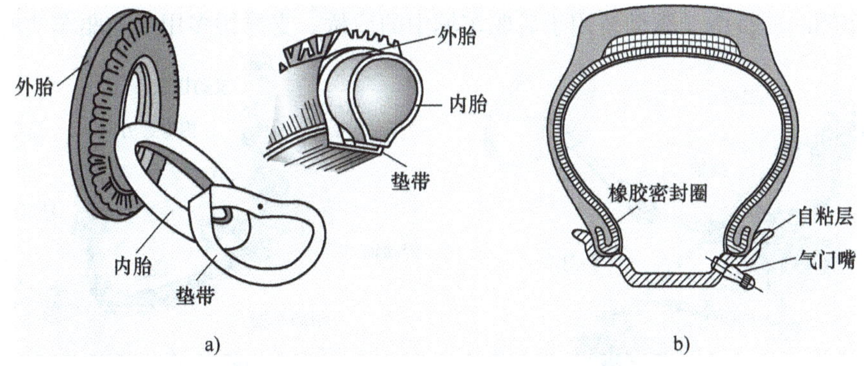

图 4-9　有内胎轮胎和无内胎轮胎的基本结构

a）有内胎轮胎　b）无内胎轮胎

轮胎压力监测系统（Tire Pressure Monitor System，TPMS）通过采用无线射频通信的胎压传感单元和胎压监测单元，实现对轮胎压力的实时监控。轮胎内置传感器，传感器中包括感应气压的电桥式电子气压感应装置，它将气压信号转换为电信号，通过无线发射装置将信号发射出来。TPMS 通过在每一个轮胎上安装高灵敏度的传感器，在行车或静止的状态下，实时监视轮胎的压力、温度等数据，并通过无线方式发射到接收器，在显示器上显示各种数据变化或以蜂鸣等形式，提醒驾驶人，并在轮胎漏气和压力变化超过安全界限时进行报警，以保障行车安全 。

问题引导 2：车桥的结构是怎样的？

车桥是指车轮与悬架之间的连接部件，属于车轮与车身或车架传递力的中间部件。

根据车辆中左右车轮是否有刚性连接，车桥可以划分为非整体式车桥（即独立车桥）和整体式车桥（即非独立车桥），如图 4-10 所示。独立车桥两侧的车轮和桥壳彼此可以独立地相对于车架上下跳动。非独立车桥则不然。

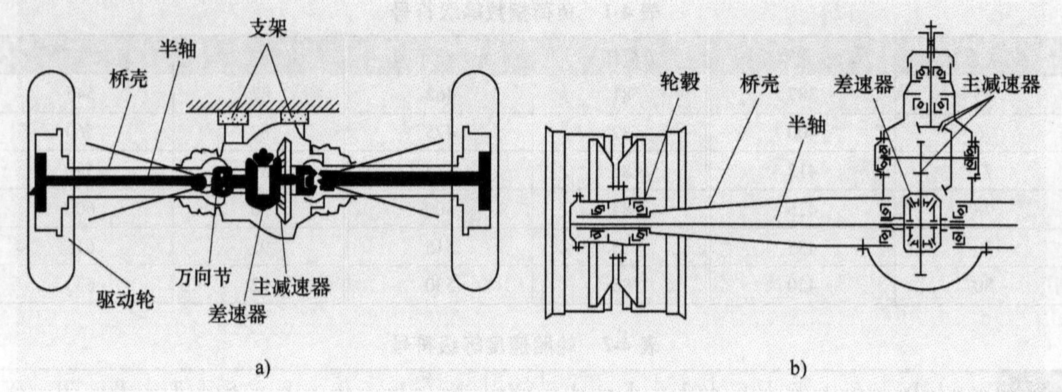

图 4-10 非整体式车桥和整体式车桥简图

a）独立车桥 b）非独立车桥

根据车辆中左右车轮的功用，车桥可以划分为转向桥、转向驱动桥、驱动桥和支撑桥，如图 4-11 所示。转向桥主要用于后轮驱动的车辆中的前桥，主要用于货车。转向驱动桥多用于前驱车辆的前桥中。驱动桥用于后驱车辆中的后桥。支撑桥多用于前驱车辆的后桥。

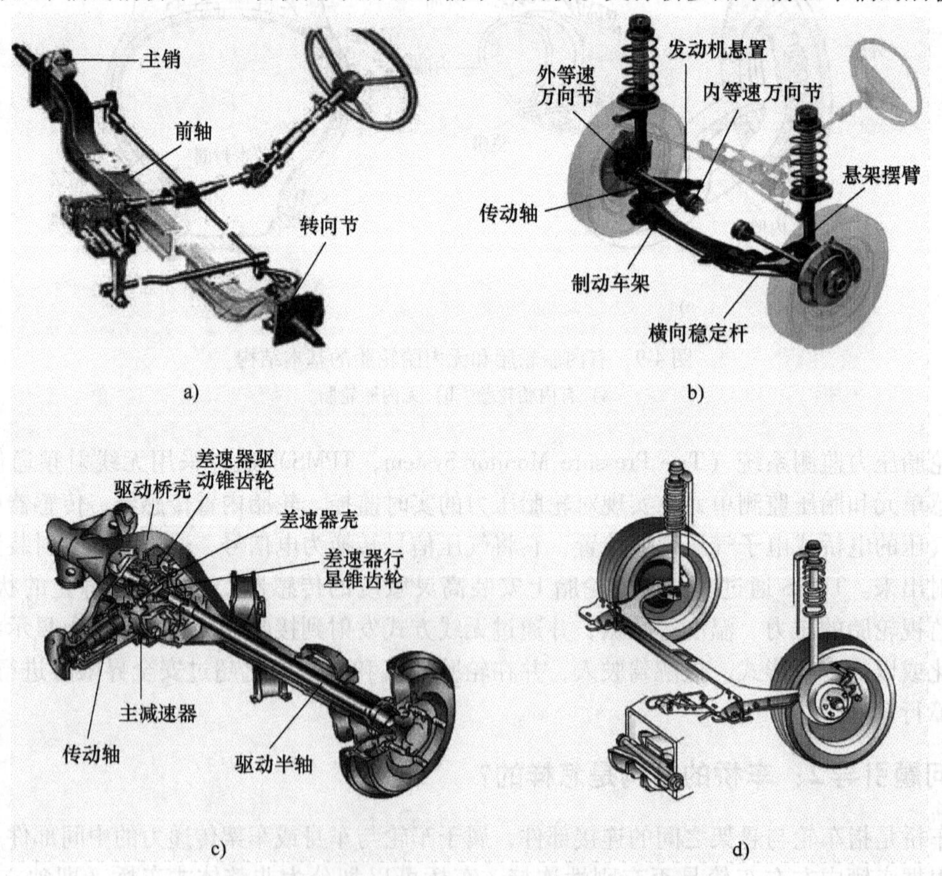

图 4-11 转向桥、转向驱动桥、驱动桥和支撑桥简图

a）转向桥 b）转向驱动桥 c）驱动桥 d）支撑桥

问题引导3：悬架的组成和结构类型有哪些？

悬架是车桥与车身或车架之间的连接部件，传递地面产生的驱动力或制动力，并缓冲和减振由地面不平产生的车轮与车身或车架之间的振动。悬架由弹性元件、减振器、导向杆和横向稳定器四大部件组成，典型悬架的基本组成如图4-12所示。弹性元件用于缓和地面冲击，包括螺旋弹簧、钢板弹簧、扭杆弹簧、空气弹簧和油气弹簧等各类弹簧。减振器用于迅速衰减车体的振动。导向机构的作用是使车轮按设定的轨迹相对于车架或车身跳动，同时传递车轮与车架或车身之间各个方向的力。它包括纵向推（拉）杆、横向推力杆和斜推（拉）杆等。横向稳定器的作用是防止车辆在转向行驶时，车身发生过大的横向侧倾，在车身与车轮之间设置辅助弹性元件。弹性元件、减振器、导向杆和横向稳定器四大部件同时起作用实现车辆的舒适性、操控性性能。

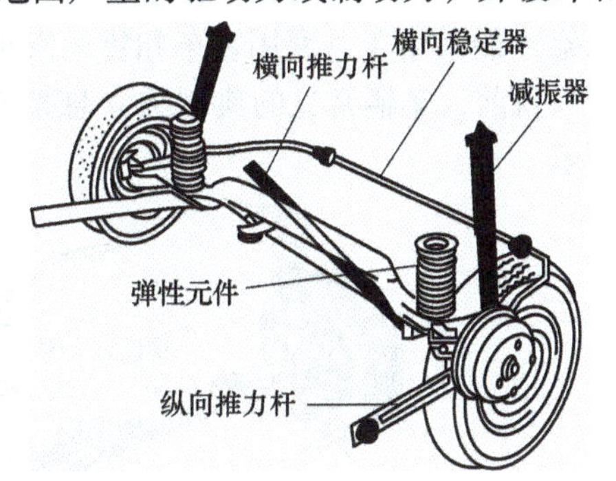

图4-12　典型悬架的基本组成

悬架与车桥连接，由于车桥有不同类型，悬架也相应划分为非独立悬架、独立悬架、半独立悬架三种类型，如图4-13所示。相比非独立悬架，独立悬架的特点有：

1）在悬架弹性元件一定变形范围内，两侧车轮可以单独运动，互不影响。

2）一般独立配备了稳定杆，可减少转弯时车身左右摆动，改进了运动稳定性。

3）汽车的非簧载质量较小，可提高车辆的平顺性和舒适性。非簧载质量包括车轮总成质量和独立驱动桥部分零件质量。

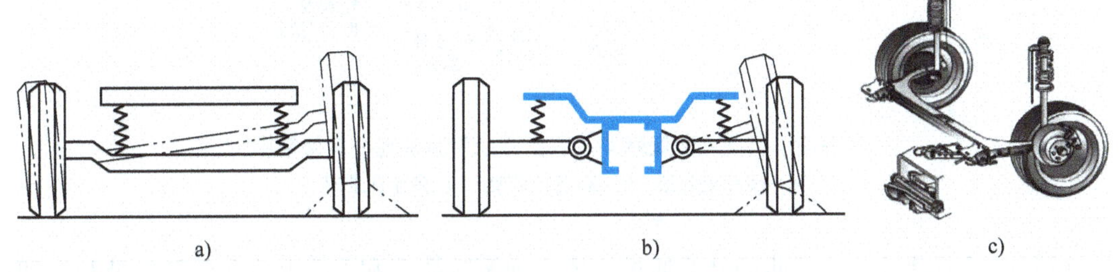

图4-13　典型非独立悬架、独立悬架、半独立悬架简图

a）非独立悬架　b）独立悬架　c）半独立悬架

4）前轮定位参数随车轮的上下运动而改变。

5）可以降低车身地板和发动机的安装位置高度，这样降低了车辆重心，有利于车辆行驶的稳定性。

目前，车辆常见的典型非独立悬架为螺旋弹簧式非独立悬架，如图4-14所示。

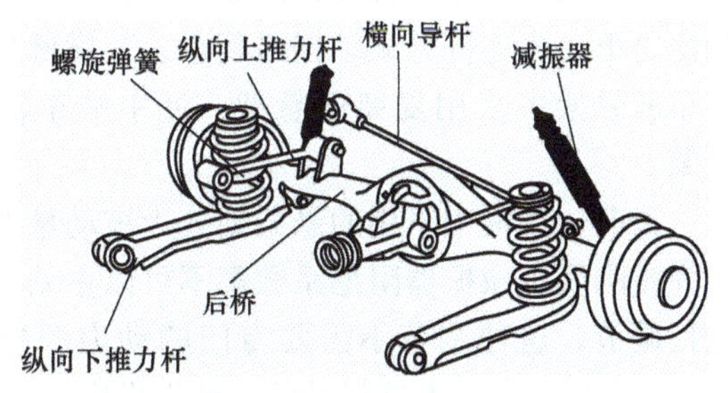

图4-14　典型螺旋弹簧式非独立悬架

纵向上推杆和纵向下推杆的一端与车身

铰接，另一端与后桥铰接。螺旋弹簧的上端在车架固定安装座内，下端在纵向推力杆上固定安装。横向导杆的一端与车身铰接，另一端与后桥铰接。减振器的上端安装在车身架上，下端安装在车桥上。左右车轮与整体式车桥关联，此种悬架多用于后轮驱动非独立悬架（后悬架）的乘用车、商用客车和货运汽车。

目前，车辆常见的典型独立悬架有麦弗逊悬架、双横臂悬架和多连杆悬架，如图 4-15 所示。

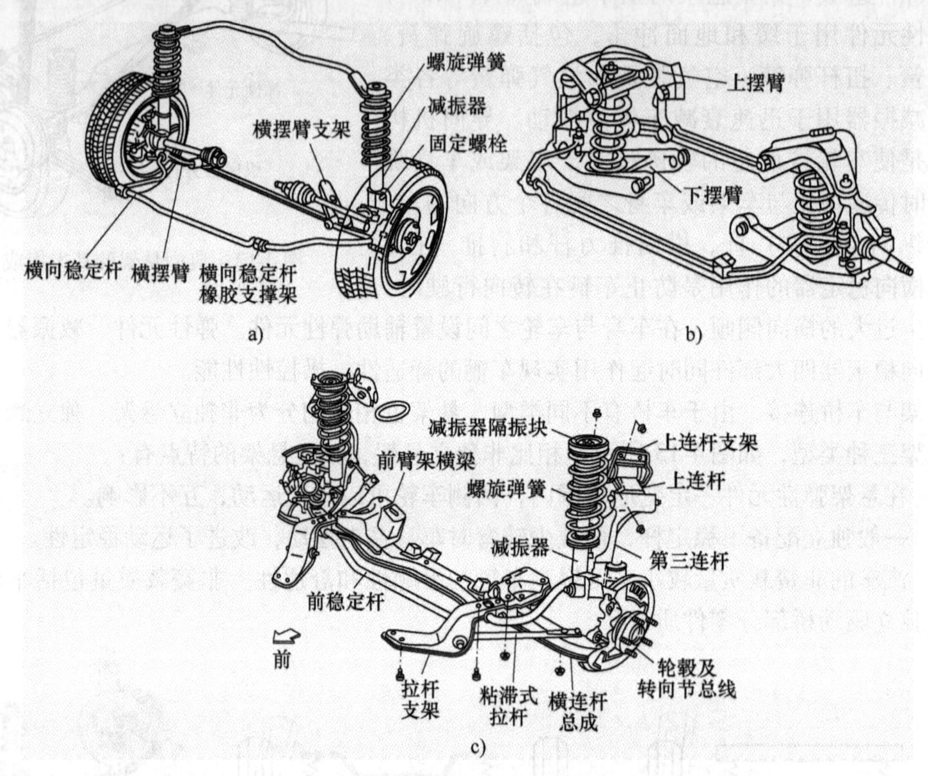

图 4-15　典型麦弗逊悬架、双横臂悬架和多连杆悬架简图

a）麦弗逊悬架　b）双横臂悬架　c）多连杆悬架

在上述三种悬架中，麦弗逊悬架通过一体式弹簧减振器和下摆臂将车轮转向节与车架连接。双横臂悬架通过一体式弹簧减振器和上、下摆臂（A 型摆臂）将车轮转向节与车架连接。多连杆悬架通过一体式弹簧减振器和多个异形杆件将车轮万向节与车架连接。车轮万向节与车架连接的复杂程度，决定了车轮与车架之间力传递的特点，即决定了车辆操控特性。相比之下，多连杆悬架结构最复杂，双横臂悬架次之，麦弗逊悬架结构简单。目前，普通乘用车前悬架多采用麦弗逊悬架，低中端车辆多采用双横臂悬架，高端车辆多采用多连杆悬架。

目前，车辆中采用的悬架划分为被动悬架、半主动悬架和主动悬架。被动悬架是指悬架中弹簧刚度、减振器阻尼系数都不可以主动调节控制。半主动悬架通常只对减振器的阻尼力进行调节，这种调节不需要专门的动力源提供动力。半主动悬架一般以车身振动加速度（与舒适性相关）为控制目标，预先设定一个舒适性基准值目标参数，通过车身上安装的加速度传感器信号，经过整形放大后输入到半主动悬架控制模块中，经过参数比较，控制算法计算，计算控制信号，通过控制电机驱动阻尼减振器中的元件，调节阻尼值。

主动悬架可以根据汽车的运动状态和路面情况，主动调节悬架中弹簧刚度、减振器阻尼系数、车身高度等。主动调节需要能量消耗，需要有动力源产生主动力，因而悬架系统是有源的。主动悬架的工作原理如图4-16所示。

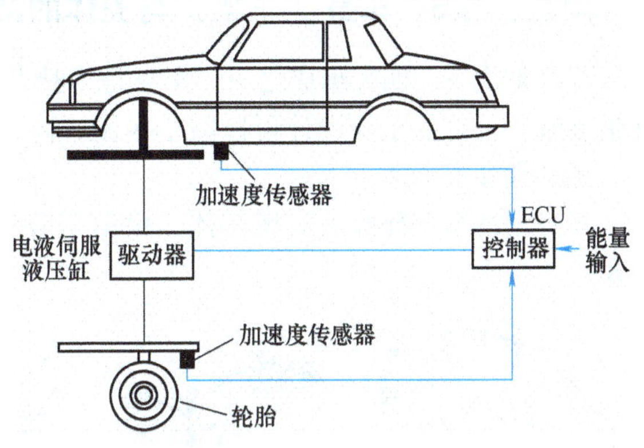

图 4-16　主动悬架工作原理

主动悬架工作时，簧载质量（车身）加速度和非簧载质量（车轮及车桥部分零部件）加速度信号输入到主动悬架控制模块，经过控制算法计算，发出指令给执行机构即力发生驱动器。驱动器一般采用电液伺服液压缸或电磁电动机，由外部液压油或电源提供能量。主动力驱动器产生的控制力作用于车身和车轮间，主动补偿弹簧刚度和改变减振器阻尼系数，使悬架系统能同时满足车辆舒适性和操控性相互协调、统一的理想目标。电磁式主动悬架是未来乘用车采用的最佳悬架系统。

问题引导 4：什么是车轮定位？

车轮总成是整车车辆与地面之间连接并发生相互作用的部件。在整车设计阶段需要设计确定标准车轮空间姿态参数。车轮定位就是在车辆行驶一定里程后，调校车轮空间姿态参数。定位参数包括主销后倾角、主销内倾角、前轮外倾角和车轮前束，如图 4-17 所示。实际中通过车辆四轮定位仪，可以检测和调整车轮定位参数。

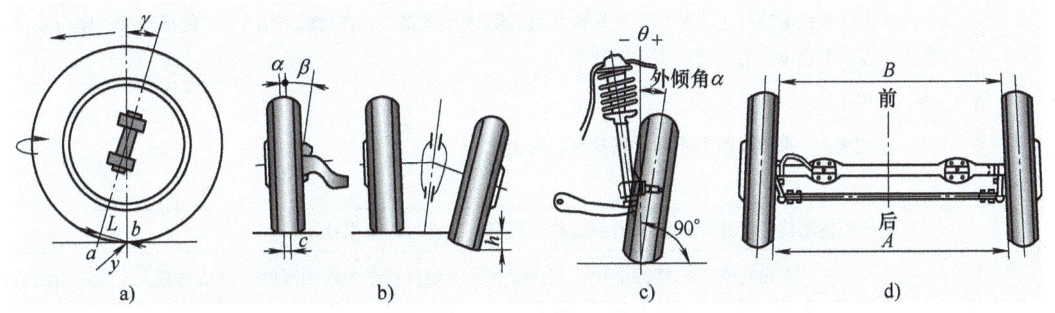

图 4-17　车轮定位参数

a）主销后倾 γ　b）主销内倾 β　c）前轮外倾 α　d）前轮前束 A-B

车轮定位参数的主要作用是：

1）主销后倾 γ。依靠地面对车轮的回正力矩，保证汽车稳定的直线行驶，$\gamma \leqslant 3°$。

2）主销内倾 β。依靠车辆转弯时整车重心升高，在车轮转向后回正，整车重心自然下降的作用，转向后回正轻便，$\beta \leqslant 8°$。

3）前轮外倾 α。载重负荷变化时，基本保持车轮中心面垂直于地面或内倾，保证行驶安全，$\alpha \approx 1°$。

4）前轮前束 $A-B$。消除由车轮外倾引起的前轮“滚锥效应”，$A-B\approx1\sim12$mm。

问题引导 5：车身（车架）与壳体的结构和类型有哪些特点？

车身是汽车的四大组成之一。车身是驾驶人运送乘客及行李的空间场所，也提供了安全保护装置。合理的车身设计可以减小风阻，降低能耗，提高整车的动力性、操控性、舒适性、经济性和安全性。

车身是整车零部件的安装基体，根据车型不同，可分为整体式车身或车架，如图 4-18 所示。

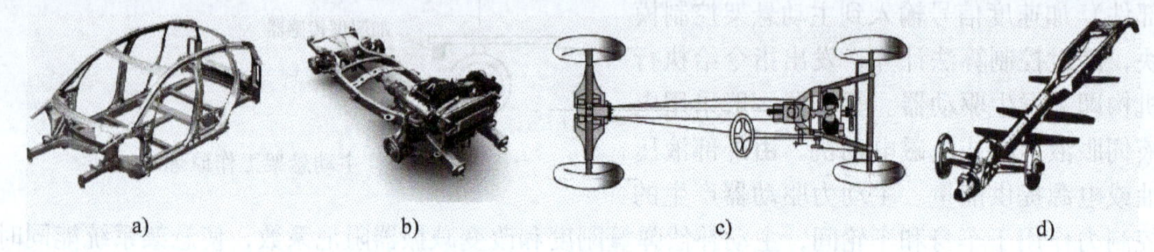

图 4-18 典型的整体车身和三种形式车架简图

a）整体车身 b）边梁式车架 c）中梁式车架 d）综合式车架

目前，整体式车身多用于小型乘用车。边梁式车架多用于中大型商用车和货车。中梁式和综合式车架多被越野和 SUV 车辆采用。

传统燃油车按车辆分类标准，其车身可以划分为乘用车车身、商用车车身，见表 4-3。

表 4-3 汽车车身分类

<table>
<tr><th></th><th>大类</th><th>小类</th><th>定义和细类</th></tr>
<tr><td rowspan="10">汽车车身分类</td><td rowspan="4">乘用车车身</td><td colspan="2">在其设计和技术特性上主要用于载运乘客及其随身行李和/或临时物品的汽车，包括驾驶人座位在内最多不超过 9 个座位。它也可牵引一辆挂车</td></tr>
<tr><td>普通乘用车</td><td rowspan="3">乘用车类型不同，车身有大的变化</td></tr>
<tr><td>SUV 乘用车</td></tr>
<tr><td>……</td></tr>
<tr><td rowspan="6">商用车车身</td><td colspan="2">在设计和技术特性上用于运载人员和货物的汽车，并且可以牵引挂车</td></tr>
<tr><td rowspan="2">客车</td><td>在设计和技术特性上用于载运乘客及其随身行李的商用车辆，包括驾驶人座位在内的座位数超过 9 个。客车有单层的或双层的，也可牵引一挂车</td></tr>
<tr><td>分为小型客车、城市客车、长途客车、旅游客车、铰接客车、无轨电车、越野客车、专用客车 8 类</td></tr>
<tr><td>挂车</td><td>装备有特殊装置，用于牵引半挂车的商用车辆</td></tr>
<tr><td rowspan="2">货车</td><td>一种主要为载运货物而设计和装备的商用车辆也可牵引一挂车</td></tr>
<tr><td>分为普通货车、多用途货车、全挂牵引车、越野货车、专用作业车、专用货车 6 类</td></tr>
</table>

乘用车是目前最普及的车型，按外形轮廓可以划分为硬顶轿车、敞篷车、多用途车、厢式车、客货两用车等。传统燃油汽车车身外形如图 4-19 所示。

图 4-19　传统燃油汽车车身外形

a）硬顶轿车　b）敞篷车　c）多用途车　d）厢式车　e）客货两用车　f）客车　g）货车　h）专用车

车身结构主体是壳体，根据壳体受力，可以将其划分为承载式车身、非承载式车身等，如图 4-20 所示。承载式车身直接与车桥和悬架发生作用力，是整车驾乘空间内零部件、动力传动等装置的安装基础。非承载式车身安装在车架上，通过车架间接与车桥和悬架发生作用力，是驾乘空间内零部件等装置的安装基础。

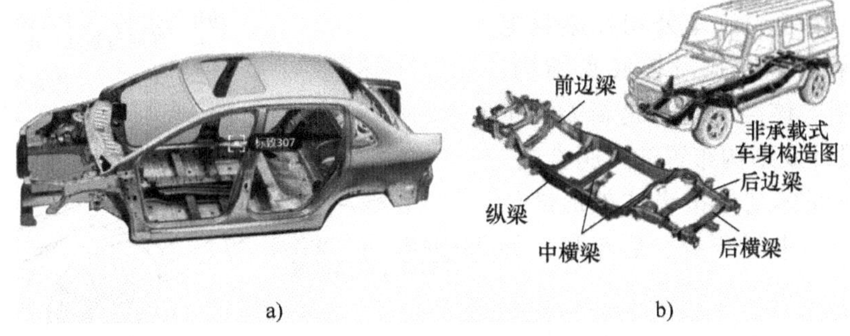

图 4-20　传统燃油汽车车身结构

a）承载式车身　b）非承载式车身

目前，电动车车身主要是在传统燃油车基础上改进而成的。基本保持了燃油车空气动力学车身设计的先进成果，车身更具备现代科技感，如图 4-21 所示。

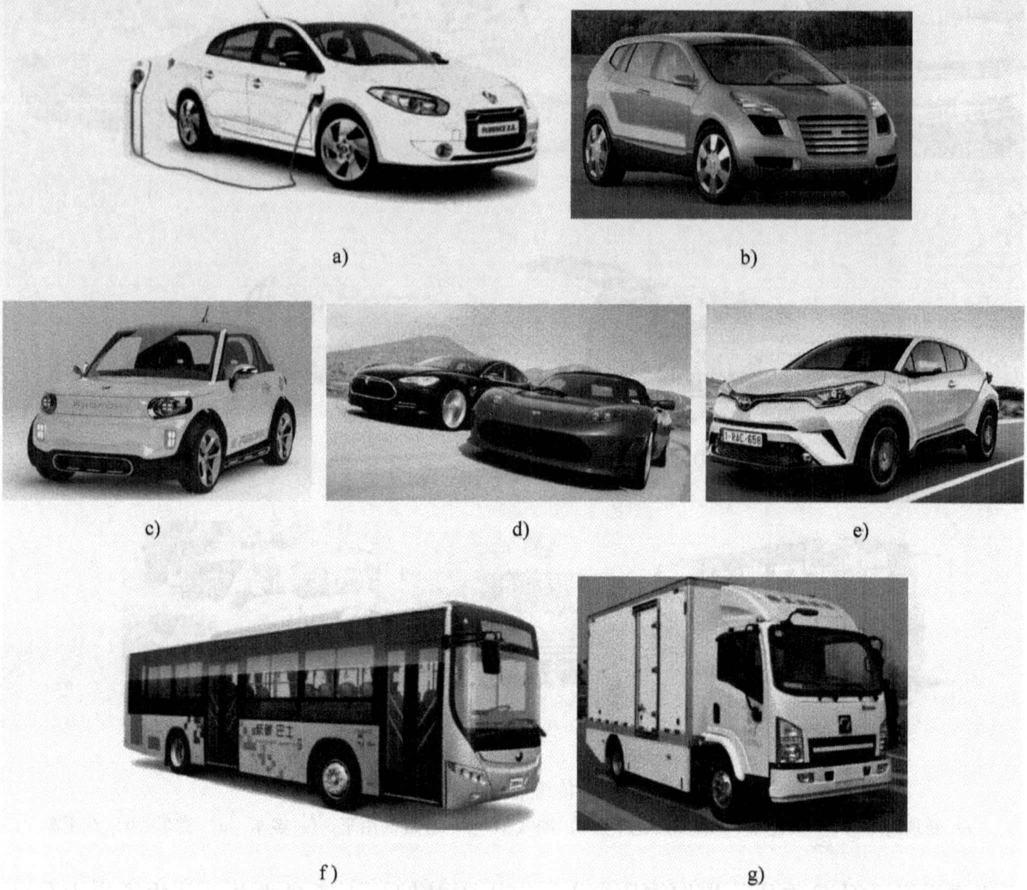

a)　　b)

c)　　d)　　e)

f)　　g)

图 4-21　电动汽车车身外形

a）普通电动乘用车　b）多用途车　c）微型电动车　d）轿跑电动车　e）混合动力车　f）电动公交客车　g）电动货车

此外，美国通用汽车公司在燃料电池车上设计采用整体式滑板底盘结构，如图 4-22 所示。该结构设计是新能源车非承载车身设计及结构布置的大胆尝试。

传统汽车壳体结构按壳体外形部位划分为前车身、中间车身、后车身，如图 4-23 所示。

电动汽车除了保留传统燃油车身结构和壳体外，在壳体装饰上，例如装饰栅格、装饰条、各种车外灯光、车标、车牌等都已采用蓝色，进一步突出体现新能源汽车特征，如图 4-24 所示。

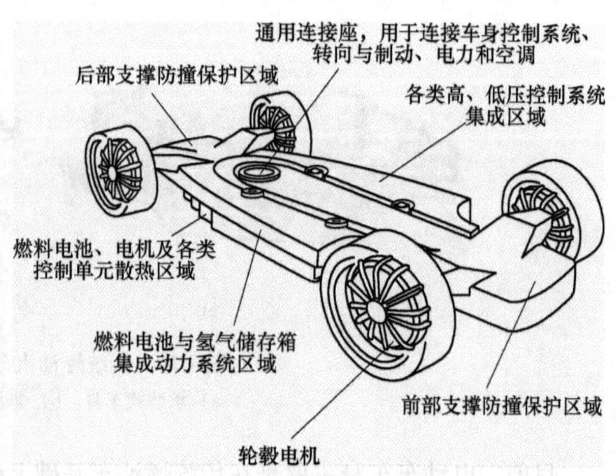

图 4-22　整体式滑板底盘结构

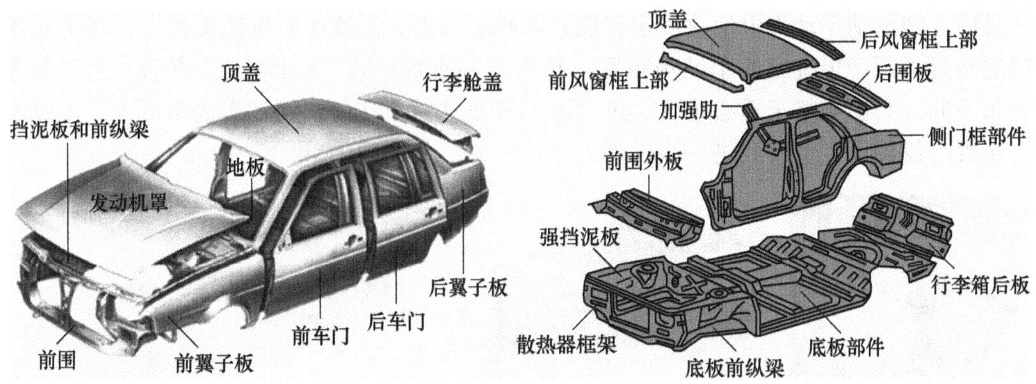

图 4-23　壳体外形部位划分

图 4-24　新能源汽车壳体特征

目前，纯电动车动力电池总质量普遍在400kg以上，占整车质量比重较大。动力蓄电池模组的布置不同于传统燃油车油箱布置。存在各种布置形式，如图4-25所示。由于整车质量分布不同，会影响整车重心位置，进而影响整车性能。在传统燃油车的基础上，电动车的结构布置与设计研究会得到进一步发展。

图4-25　电动车动力电池模组的布置

学习任务二　转向系统认知

知识准备

理想车辆转向系统的功用是能准确满足驾驶人控制车辆方向的要求，协同车辆传动系统与行驶系统，实现车辆的操控性与舒适性性能目标。按技术发展历程，转向系统经历了机械转向系统、液压助力转向系统、电-液助力转向系统到电动车电动助力转向系统。

问题引导1：机械转向系统与液压助力转向系统的结构组成是怎样的？

机械转向系统（图4-26）由操纵机构、转向器、转向传动机构等组成。

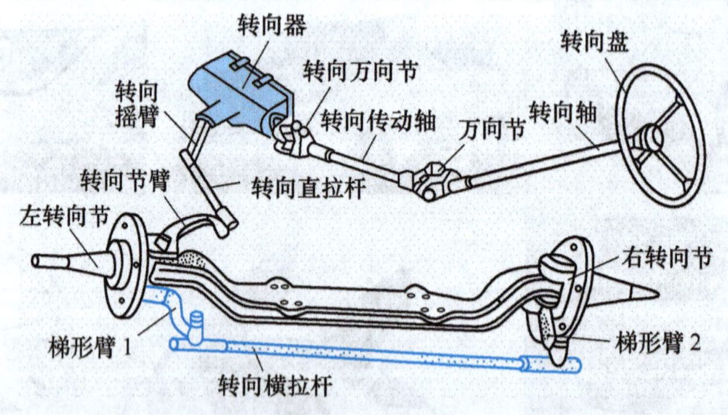

图4-26　机械转向系统的基本组成

1. 操纵机构

操纵机构是驾驶人操纵转向器的工作机构，并具有一定的调节和安全性能，包括转向盘、转向轴、万向节和转向传动轴等。机械转向器一般安装在车身或车架上，作用是将转向盘的转动变为摇臂的摆动（循环球式转向器如图4-27所示）或齿条轴的直线往复运动（齿轮齿条式转向器如图4-28所示），并对转向力矩进一步增大。转向传动机构是将转向器输出的力（矩）和运动通过连杆机构（转向摇臂、转向直拉杆、转向节臂和梯形臂、转向横拉杆等）传递到左、右车轮转向节上，并使左、右车轮按一定关系偏转转向的机构。

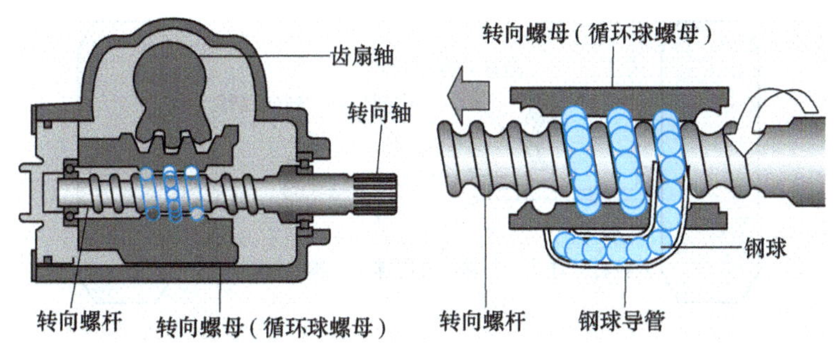

图 4-27　循环球式转向器的基本组成

2. 转向器

1）循环球式转向器通常采用两级传动副，第一级是转向螺杆与转向螺母传动副，第二级是齿条（转向螺母外部上加工）与齿扇轴（与转向摇臂固结）传动副。为了减少转向螺杆与转向螺母之间的摩擦，两者的螺纹并不是直接面接触的，在两者上沿螺纹线都加工成近似半圆形的螺旋槽。两者的螺旋槽能配合形成近似圆形断面的螺旋管状通道。其间装满很多钢球，形成钢球流动，以实现转向螺杆与转向螺母滚动摩擦。目前，大中型车辆转向系统主要采用循环球式转向器。

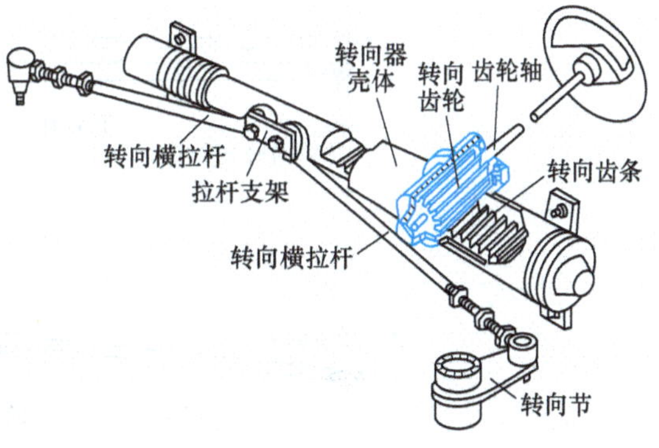

图 4-28　齿轮齿条式转向器的基本组成

2）齿轮齿条式转向器采用单极传动，转向盘带动齿轮轴，齿轮轴带动转向齿轮转动，转向齿轮与转向齿条啮合，推动齿条左右直线运动，转向齿条与拉杆支架固结，拉杆支架连接转向横拉杆，转向横拉杆铰接车轮转向节，这样通过转向盘转动，会拉动车轮转向节左右偏转，实现车轮转向。目前，中小型车辆转向系统普遍采用齿轮齿条式转向器。

3. 传动机构

根据车辆使用的转向器类型及悬架类型不同，转向传动机构存在不同的类型。通常采用齿轮齿条转向器的传动机构如图 4-28 所示，采用循环球式转向器的传动机构如图 4-29 所示。在图 4-29a 中，转向运动从转向器的转向摇臂通过中间拉杆和横拉杆传到左右转向轮的转向节上，随动（转向）臂支撑着与转向摇臂对称侧的中间拉杆，并使转向传动机构与路面保持水平。此外，有些后驱乘用车和多数轻型货车和厢式货车采用的传动机构如图 4-29b 所示的带横拉杆的传动机构和图 4-29c 所示的 Haitenberger 传动机构。

在机械转向技术的基础上，目前燃油汽车通常采用液压助力转向系统，该系统利用发动机曲轴动能，增加了液压助力，减小了驾驶人转动转向盘的力矩。主要增加部件有转向控制阀、转向液压泵、转向动力缸等，如图 4-30 所示。转向控制阀的作用是感知转向柱转动的方向，控制液压系统中高压油流动到相应助力油腔中，提供辅助转向力。转向动力缸是在转向器增加了活塞。例如，齿轮齿条式转向器，是在齿条上增加了活塞，在转向器壳体内部与活塞密封装配处增加两个助力缸（左、右助力缸），通过高压油流入不同助力缸中，实现助力转向的部件。

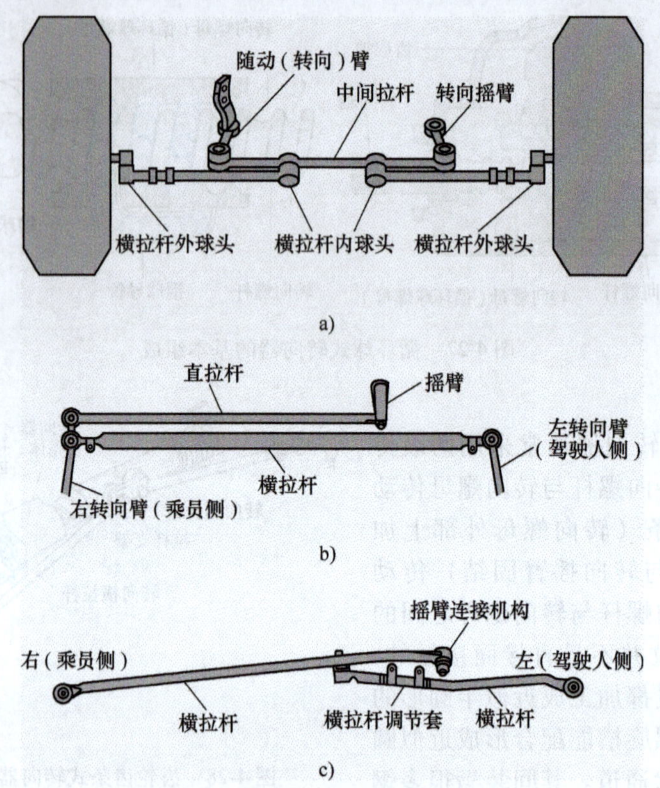

图 4-29　采用循环球式转向器传动机构

a）平行四边形传动机构　b）带横拉杆的传动机构　c）Haitenberger 传动机构

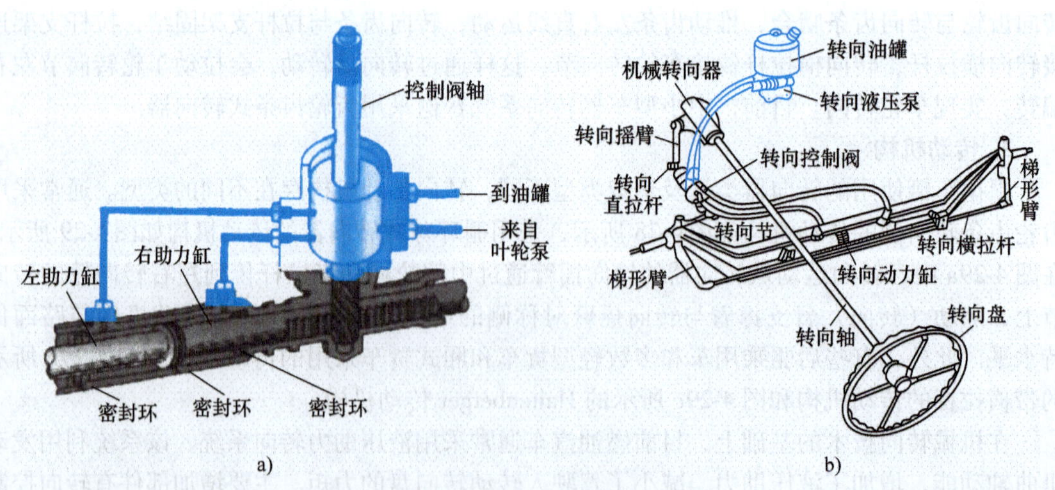

图 4-30　液压助力转向系统的基本组成

a）齿轮齿条式　b）循环球式

问题引导 2：电-液助力转向系统是怎样组成的？

随着电子电器元件和电子控制技术的进步，电磁阀参与控制液压油路流量和压力成为可能，在液压助力系统的基础上加入电控系统，通过转向传感器等信号，转向控制模块会通过电机控制器（功率控制器）供能给电机液压泵组件，控制液压泵流量或电磁阀控制油路压力，实现了多种形式的电-液助力转向。典型的电-液助力转向系统的基本组成如图 4-31 所示。

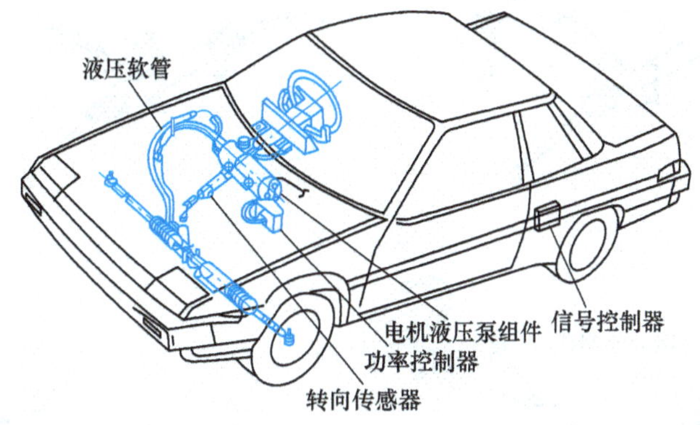

图 4-31 典型的电-液助力转向系统的基本组成

问题引导 3：电动助力转向系统的基本组成、工作原理和特点是怎样的？

在传统燃油车广泛使用的过程中，逐步开始了车辆电动化趋势发展，同时促使电动助力转向技术的出现，电动助力转向结合整车控制技术，能最大限度实现最佳车辆操控性能。典型燃油车电动助力转向系统的基本组成如图 4-32 所示。

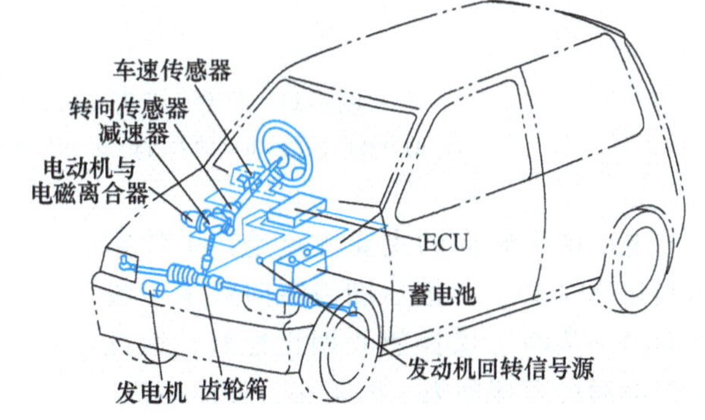

图 4-32 典型燃油车电动助力转向系统的基本组成

电-液助力转向系统和电动助力转向系统统称为电子控制动力转向（Electronic Control Power Steering，EPS）系统。

随着新能源汽车的推广和普及，驱动电机逐步取代了燃油发动机，使电动助力转向系统在纯电动车上得到普遍应用。纯电动车助力电动机在齿轮齿条转向系统中的布置，如图 4-33 所示。

电动车上电动助力转向系统一般由转矩传感器、电控单元、电动机、减速器、机械转向器和蓄电池电源等组成，如图 4-34 所示。

电动助力转向系统通过电控单元（ECU），根据整车行驶姿态状态参数、车速传感器（或发动机转速信号）、转向盘角度传感器等信号，计算并确定转向电机的转矩大小和转向方向，并将控制结果通过传感器信号反馈给控制单元，通过反馈控制算法，使电动机输出相应大小和方向的转向力矩，实现转向助力的准确控制。

相比传统机械转向，液压助力转向可以提供全车速范围内的辅助转向力，减小驾驶人手动转向盘转向力矩。但当车辆高速行驶时，手动转向盘转向，很小的力矩就能轻易引起车辆转向行驶，反而降低了行驶安全性。电动助力转向系统克服了上述缺陷，电机提供的转向助力的大小与车速有密切关系，低速时需要助力大，中高速时需要助力小，甚至为保持方向稳定性（操控性）还需要一定的反向助力（即增加阻力）。

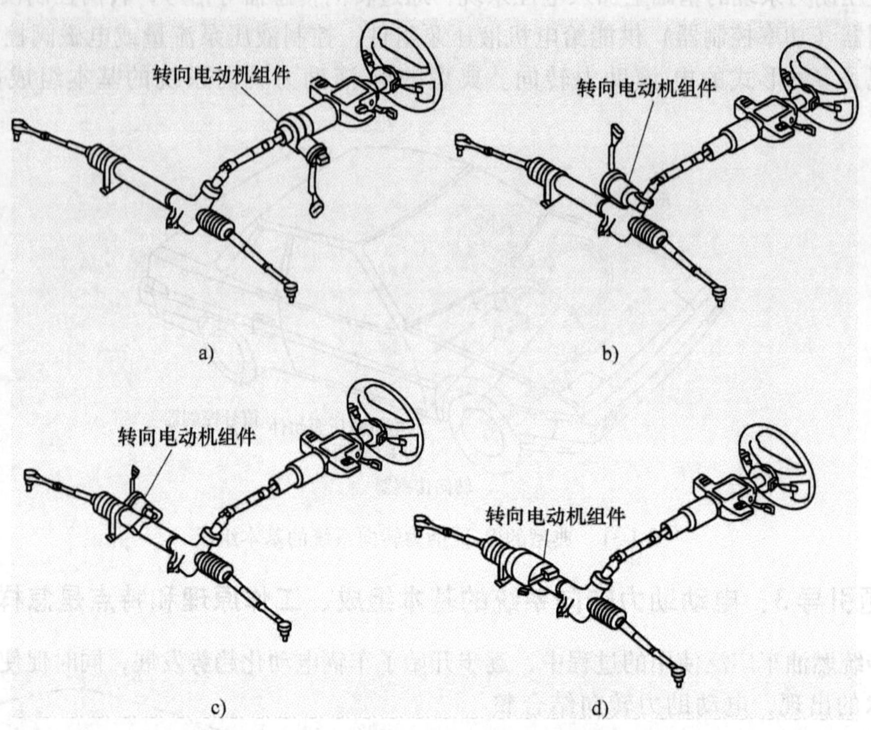

图 4-33 典型电动齿轮齿条转向系统的布置形式

a）助力转向柱型 b）助力齿轮型 c）单助力双齿轮型 d）助力齿条型

电动助力转向的主要优点是：①效率可高达 90% 以上，液压助力转向效率一般在 60% ~70%。②路感和回正性好，通过电控电动机直接助力，内阻小，反应敏捷，改善了车辆操控性和行驶稳定性。③系统便于集成，装配性好，整体尺寸减小，结构简单，质量小。④节约能源，对环境污染小。液压助力需要液压泵和输出管路保持液压流动，并可能存在油液泄漏问题，而电动助力并不需要全工况连续供电能。⑤可以降低车身地板和发动机的安装位置高度，这样降低了车辆重心，有利于车辆行驶的稳定性。

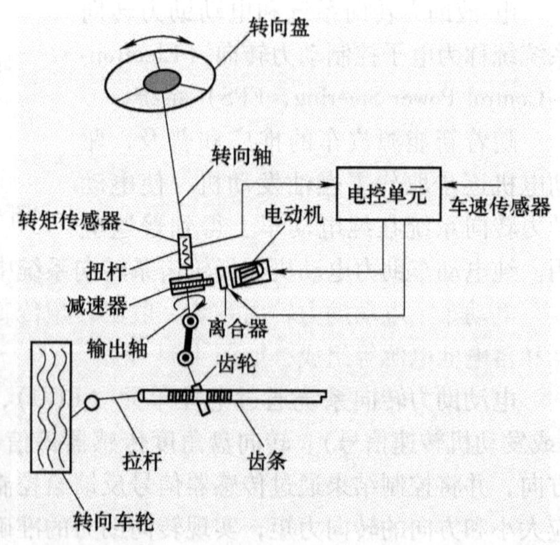

图 4-34 典型电动助力转向系统的基本工作原理

其主要缺点是：①相比液压助力，电动助力提供的助动力较小，目前主要用于中小型车辆，是电动车、混合动力车和燃料电池车的最佳选择，难以用于中大型车辆。②需要减速机构与电动机匹配实现整车助力转向性能。③使用了一套电控系统，增加了助力转向系统成本。

学习任务三　制动系统认知

知识准备

车辆制动是指在行驶中根据驾驶人的意图，完成车辆行驶中减速或停车，当驾驶人离开车辆能完成车辆原地不动驻车。上述功能是由车辆制动系统来完成的。

典型车辆制动系统主要由四部分组成，如图 4-35 所示。

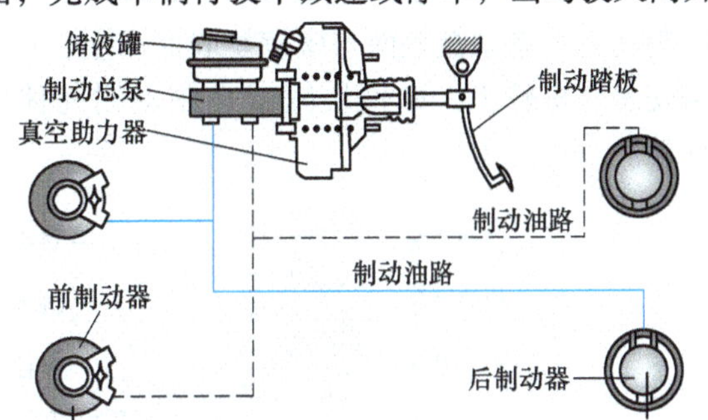

图 4-35　典型车辆制动系统的基本组成

1）供能装置。它包括供给、调节制动能量以及改善传能介质状态的各种部件，如真空罐等。

2）控制装置。它包括产生制动动作和控制制动效果的各种部件，如制动踏板、电动真空泵或真空助力器。

3）传动装置。它包括将制动能量传递到制动器的各个部件，如真空助力器、制动液、制动总泵、制动油路等。

4）制动器。产生阻碍车轮运动的部件，一般通过固定元件和旋转元件工作表面之间的摩擦作用来实现。目前车辆主要采用鼓式制动器和盘式制动器。

问题引导 1：常规行车制动的工作原理是怎样的？

目前，车辆制动按制动功能可以划分为行车制动和驻车制动。两者制动原理类似，结构也基本相同。按制动过程使用的制动器，可以划分为鼓式制动和盘式制动。按制动传动方式、可以划分为机构（或钢索）传递制动、液压制动和电磁制动。

1. 制动器

(1) 鼓式制动器　鼓式制动器的基本组成和工作原理，如图 4-36 所示。在鼓式制动器中，制动蹄被制动蹄回位弹簧拉动并通过制动销与制动底板铰接，制动蹄安装在制动鼓内。

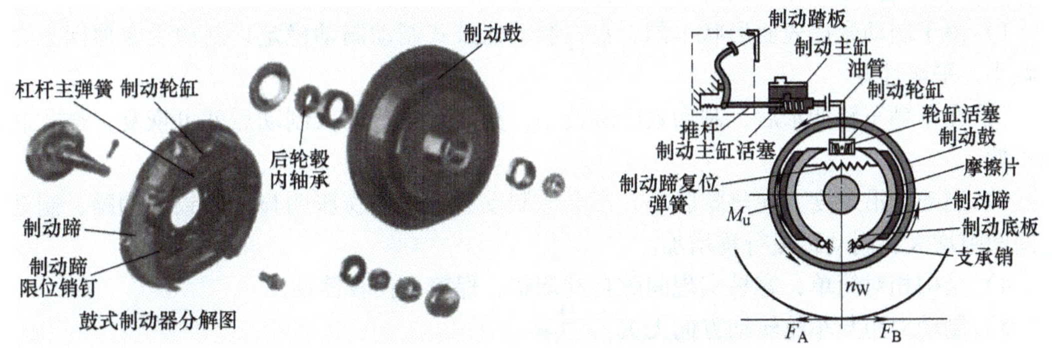

图 4-36　典型鼓式制动器的基本组成和工作原理

当制动时，高压油进入制动轮缸，推动轮缸活塞向外移动，活塞推动制动蹄绕支承销转动，制动蹄外表面安装有摩擦片，摩擦片与制动鼓内表面产生摩擦力，阻止制动鼓转动，制动鼓与车轮固结安装，从而也阻止车轮转动。当驾驶人放松制动踏板停止制动时，制动轮缸高压油沿油管回流，轮缸内压力降低，在制动蹄复位弹簧作用下离开制动鼓内摩擦面，摩擦制动力消失，车轮可以继续转动。

（2）盘式制动器　盘式制动器的基本组成和工作原理如图 4-37 所示。盘式制动器的摩擦制动力由制动盘表面与摩擦块表面产生，这些摩擦块被挤压和加紧到制动盘上，制动盘固结安装在车轮上，摩擦块附着在制动钳壳体内，制动钳内液压系统中的活塞推动摩擦块移动。

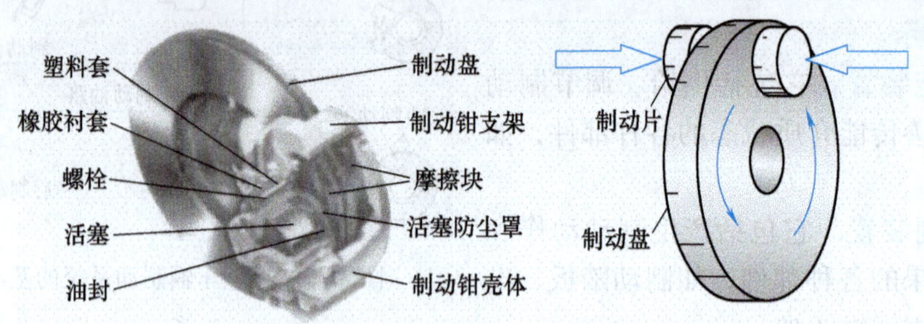

图 4-37　盘式制动器的基本组成和工作原理

根据制动钳体与车桥（独立或非独立）安装方式不同，可将制动器分为定钳盘式制动器和浮钳盘式制动器，如图 4-38 所示。图 4-38a 所示为定钳盘式制动器，制动钳体与车桥固定连接，在制动时，油液进入制动轮缸，两侧活塞推动制动块压向制动盘，从而实现制动。制动停止时，油压降低，在车轮摩擦片转动推动和活塞密封胶圈弹性回复力的共同作用下，活塞离开制动盘，制动力消失，制动过程停止。图 4-38b 所示为浮钳盘式制动器，制动钳体可相对车桥沿导向销滑动，在制动时，油液进入制动轮缸，单侧活塞推动制动块压向制动盘，接触并压住制动盘，随着压力增大，制动钳会受到反作用力，沿导向销移动，同时拉动制动钳安装固定摩擦片一侧靠近制动盘，两侧摩擦片共同阻止制动盘（或车轮）转动。制动停止时，油压降低，在车轮摩擦片转动推动和活塞密封胶圈弹性回复力的共同作用下，制动钳沿导向销移动，两侧摩擦片离开制动盘，制动力消失，制动过程停止。

盘式制动器与鼓式制动器相比，具有以下优点：

1）由于制动摩擦表面形状不同，盘式制动比鼓式制动制动稳定，制动受摩擦因素变化影响小，平顺性好。

2）在车辆车轮涉水后，制动效能降低小，只需经过一两次制动后就可恢复，鼓式制动则不然。

3）制动盘沿厚度方向热膨胀小，不会像制动鼓那样热膨胀明显，导致制动蹄、制动鼓之间间隙增大，制动踏板行程增加。

4）结构相对简单，容易实现间隙自动调整，保养更换较简便。

5）制动力矩与车轮转动方向无关。

不足之处：

1）不同于鼓式制动器中制动蹄安装方式会产生制动助力，盘式制动无自动摩擦增力，所以若想实现更大的制动力需要另加助力装置。

2）防污性能差，制动块摩擦面积小，磨损较快。

3）当兼用于驻车制动时，需要加装驻车制动传动装置，比鼓式驻车制动采用的盘鼓式驻车制动复杂。

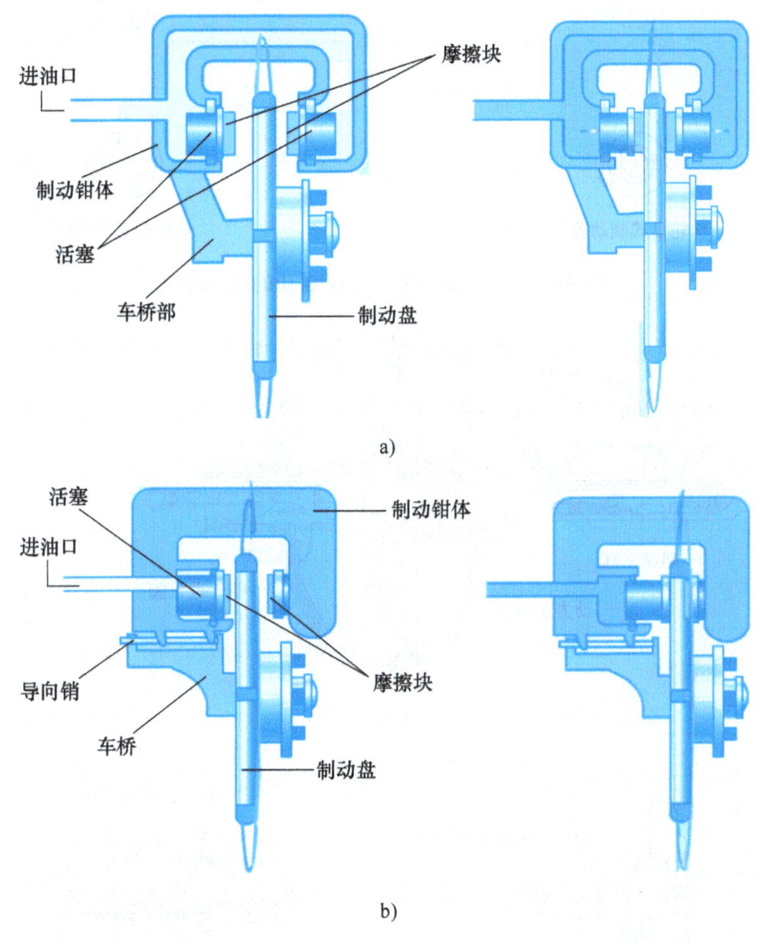

图 4-38　定钳盘式制动器和浮钳盘式制动器的基本工作原理
a）定钳盘式制动器　a）浮钳盘式制动器

2. 真空助力液压系统

传统车辆典型真空助力液压制动的基本原理如图 4-39 所示。其工作过程是：驾驶人踩制动踏板，踏板推杆推动真空助力器（图 4-40）中隔膜，触发真空加力后推动制动主缸中活塞推杆，油液在活塞加力变成高压油，经过双路油管进入前、后、左、右车轮中制动器油缸中，推过活塞推力加压到制动摩擦片，摩擦片与车轮制动片或制动鼓产生摩擦制动力。车辆采用双油路制动可以提高制动的可靠性，若其中一个管路失效，另一个管路仍然能起制动作用，不至于车辆完全制动失效。目前，为了进一步控制车轮制动，也采用三油路制动方案，两个前轮独立连接制动油路，两个后轮共用一个制动油路。

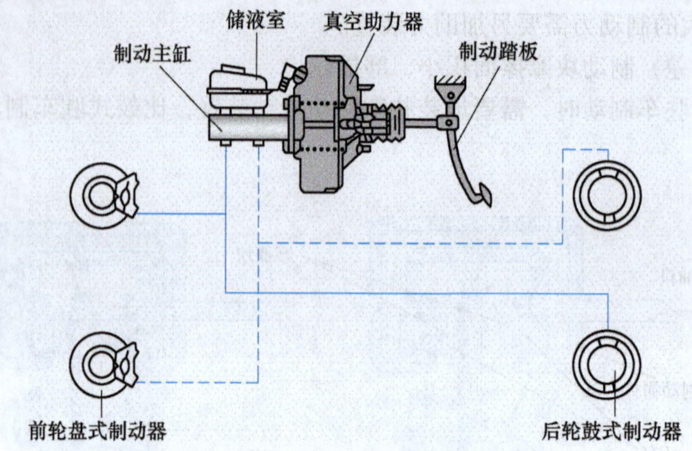

图 4-39　典型真空助力液压制动的基本原理

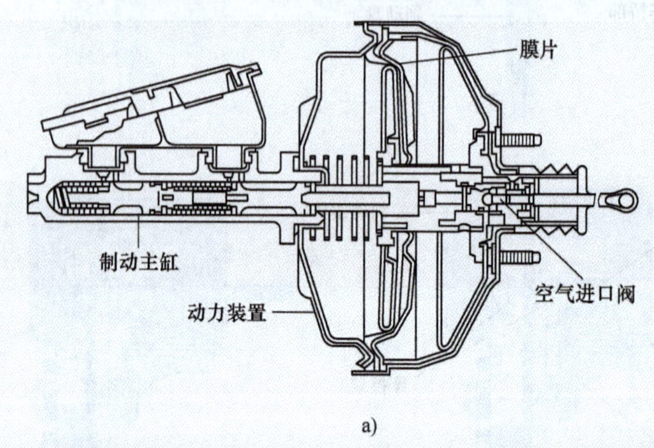

a)

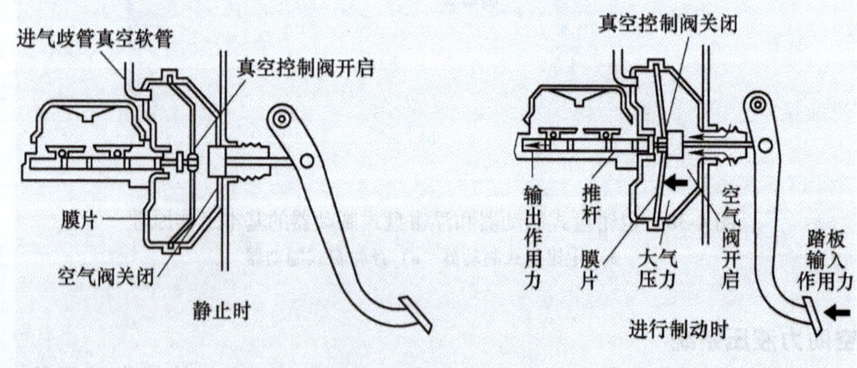

b)

图 4-40　典型真空助力器的基本组成和基本工作过程

a）真空助力器的基本组成　b）真空助力器的基本工作过程

如图 4-40a 所示，在真空助力器中，膜片将助力器分为前、后两个腔室。前腔室软管连接发动机进气歧管真空，膜片中部有真空控制阀。在图 4-40b 中，未发生制动静止状态下真空控制阀开启，空气阀关闭，使前、后腔室连通，保持一样的真空度。当进行制动时，制动踏板上的推杆移动，同时打开空气阀，推杆压缩膜片变形，真空控制阀关闭，此时前、后腔室形成的较大压力差作用在制动主缸的推杆上，增大对制动主缸活塞的推动力，从而增大了制动总缸输出的制动液压力，最终增大了制动轮缸的摩擦制动力。

问题引导 2：电动真空液压制动的工作原理是怎样的？

传统燃油车中发动机真空可以提供给制动真空助力器利用，在电动车中则采用电动真空泵产生真空，真空泵连接真空罐，真空泵由电机驱动控制，并保持真空罐中的规定真空度大小，用于提供给真空助力器。也可以像传统燃油车实现液压制动。

电动真空泵的基本工作原理如图 4-41 所示。当驾驶人起动车辆时，压力延时开关和压力报警器自检，当真空罐中的真空度小于规定值（如 55kPa）时，表示真空度不够，会影响制动效能，此时真空罐真空会触发压力延时开关处的膜片触点，电源接通，真空泵电机工作，抽出真空罐中的空气，增加真空罐中的真空度。当真空罐中的真空度达到规定值（如 55kPa）时，膜片触点断开，压力延时开关会让电源接通状态延时一段时间后断开，电机停止工作，一般延时 30s 左右。当真空罐的真空度低于规定下限值（如 34kPa）时，会触发压力报警器报警，表示车辆制动力不足，提醒驾驶人降低行车速度。

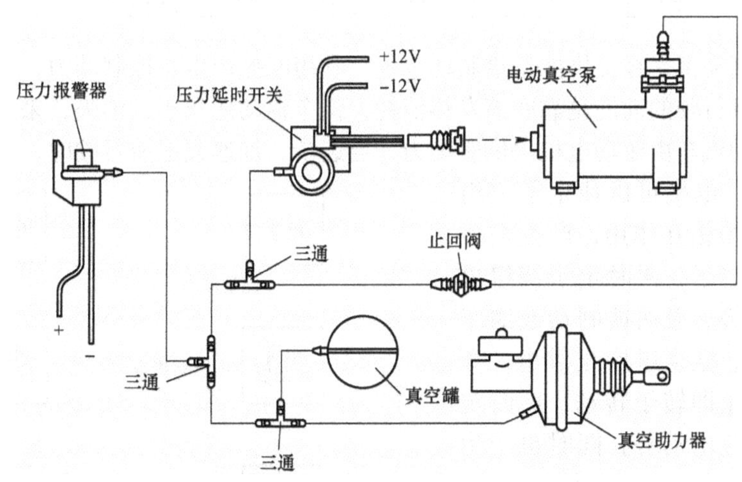

图 4-41 典型电动真空泵工作的基本原理

问题引导 3：电动气压制动的工作原理是怎样的？

在传统大中型客货车中，采用气压制动，压缩空气由发动机带动空气压缩机产生，并经过处理后存储在储气罐中。在电动客车中空气压缩机由电动机驱动，同样实现了气压制动。

电动气压制动工作的基本原理如图 4-42 所示。

在该系统中，气源由电动空压机产生，并存储在储气罐中，相比传统的气压制动，电动车将原来的机械制动踏板用电子制动踏板代替，制动踏板与制动控制器 ECU 信号连接，用电气压力调节阀代替传统气压制动调节阀。当驾驶人踩下制动踏板时，制动控制器会根据制动踏板角度、角速度及角加速度变化，判断出所需制动强度，再结合整车行驶状态（速度、加速度、路况及电机能量回收电磁制动力等因素），整车制动控制器 ECU 控制策略会确定总制动力，及计算出前、后轮制动力，通过控制前、后电气调压阀，控制前、后制动气室气压，通过车轮气压制动器产生制动力。前、后制动气室气压通过安装气压传感器反馈回制动控制器ECU，能实现精确的前、后车轮制动力控制。

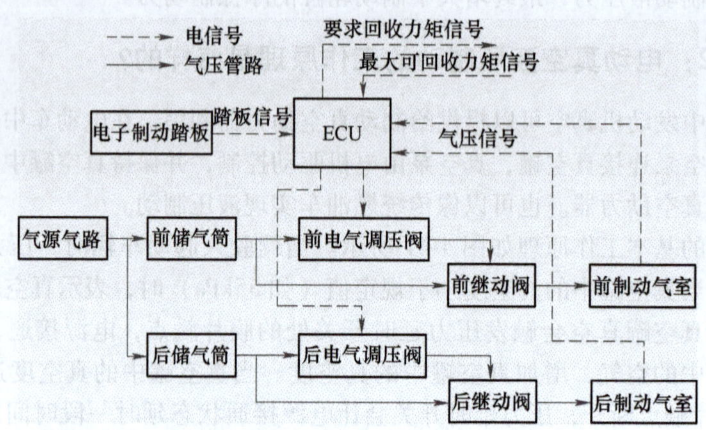

图4-42 典型电动气压制动的基本工作原理

问题引导4：电磁制动与能量回收的工作原理是怎样的？

传统车辆制动都是靠提供能量给制动装置，利用摩擦产生摩擦制动力，让车辆减速或停止的。可见车辆行驶的动能是靠摩擦发热消耗，使车辆动能减小或消失，来实现车辆减速或停车的。纯电动汽车由驱动电机提供驱动力，当起步、加速或巡航行驶时，通过在设计的特定结构空间内，电机可以使定子绕组磁场与转子磁场相互作用，产生电磁力矩用于驱动转子，同时定子绕组也产生感应电动势。当回馈制动或溜车制动时，定子电枢绕组停止供电，车辆惯性推动车轮即转子转动，此时定子仍能产生感应电动势，同时也产生电流以及电磁力（矩），电磁力与车轮转动方向相反，实现了电动车车轮电磁力制动，此时电机进入发电机状态，消耗车辆的动能并转变为电能，可以实现能量回馈。先进的纯电动车制动控制器能结合车辆工况与驾驶人制动意图信息，在保持安全制动约束下，准确计算耗能液压制动力与电机电磁制动力的比例，最大限度实现车辆减速动能回收给蓄电池。有资料指出在城市交通工况行驶的纯电动车制动能量回收可延长25%的续驶里程。电磁制动与能量回馈能量流如图4-43所示。图4-43a所示为正常行驶的驱动状态，图4-43b所示为电磁制动状态。

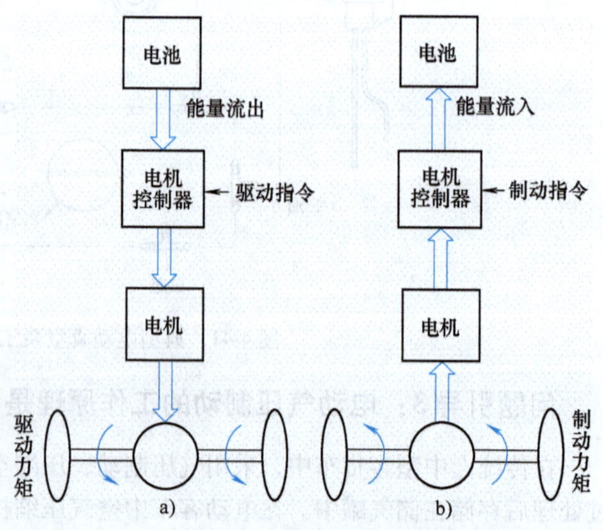

图4-43 电磁制动与能量回馈能量流示意图

a）驱动状态 b）电磁制动状态

问题引导5：车身运动控制是如何实现的？

车辆中车轮轮胎与地面作用力的大小受多种因素的影响。当车辆驱动加速或制动时，地面驱动力或制动力一方面与发动机传递到车轮的驱动力有关，另一方面也与轮胎与地面附着条件有关。当车辆紧急制动时，若制动器制动力达到一定值，车轮不再滚动，车轮处于抱死状态，此时会使车辆行驶处于危险状况，应避免出现。而当车辆在冰雪等低附着系数路况起步时，可能出现车轮空滑转现象，此时会使车辆高耗能，起步处于危险状况，也应避免出现。研究表明：制动滑移率和驱动滑转率是车辆防抱死制动系统（Anti-lock Braking System，ABS）和驱动防滑转系统（Acceleration Slip Regulation/Traction Control System，ASR/TCS）的重要控制参数。

1. ABS控制

车轮防抱死制动系统是指车轮制动时防止车轮抱死，出现只移动不转动现象的系统。系统控制参数是车轮滑移率 s，可以表示为

$$s=\frac{v-r\omega}{v}\times 100\%$$

式中　s——车轮滑移率；

v——车轮中心的纵向瞬时速度（m/s）；

r——车轮滚动半径（m）；

ω——车轮转动瞬时角速度（rad/s）。

以盘式制动为例，车轮制动力大小，不仅取决于制动系统本身制动钳提供给制动块与制动片间摩擦力的大小，而且与地面和轮胎之间的附着力大小有关。当车辆设计能够提供足够使车轮制动片停止的液压制动系统后，主要由地面最大附着力的大小决定车轮制动性能。车轮地面附着力等于地面附着系数与作用在车轮的垂直载荷的乘积。车轮附着力可以分解为车辆纵向和侧向附着力。要提高车辆制动性能，保证小的制动距离和制动稳定性，就设法在制动时获得较大的纵向制动力和侧向附着力。具体的车辆附着系数与车轮滑移率之间的关系可以通过试验数据得到。其一般变化规律如图4-44所示。

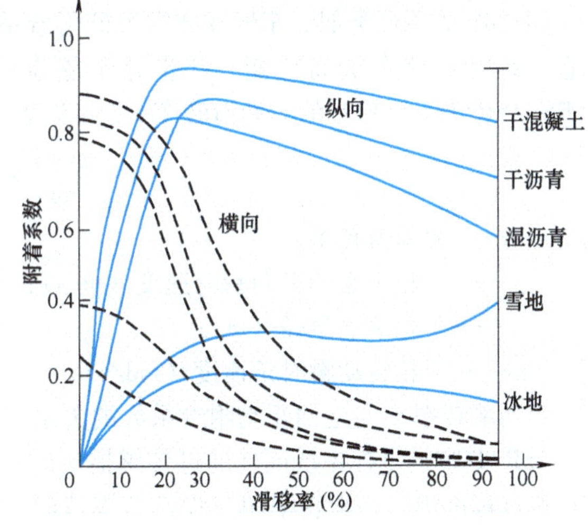

图4-44　纵向、横向附着系数与滑移率的关系

从图4-44可以得到，在车轮滑移率为15%～25%时，纵向附着系数和横向附着系数同时处于峰值附近较高数值，表示地面可以提供较大的纵向和横向附着力，车轮制动稳定性高，不会出现纵向和侧向滑移现象。理想车辆制动系统要求在制动时，控制每个车轮滑移率 s 在附着系数处于峰值附近较高数值，既能提高车辆的制动效能，又能保证制动时车辆方向的稳定性。典型车轮防抱死制动系统（ABS）的基本原理如图4-45所示。

车轮防抱死制动系统除了有常规液压制动系统外，还有电控系统。电控系统包括传感器、电控单元（ECU）、执行器和警告灯等。在一般制动下，驾驶人踩在制动踏板上的力小，车轮不会被抱死，电控系统不参与工作。当紧急制动或松软湿滑路面制动时，制动液压油压力急剧升高，车轮速度迅速下降，电控系统开始计算设定此刻车辆减、加速度标准值，并实时计算车轮滑移率，当滑移率超过设定滑移率标准值时，车轮出现抱死趋势，电子控制器去控制执行器即压力调节器，降低到车轮制动器油路油压，减少车轮制动力矩，车轮转速会上升，在设定滑移率标准值范围内，油路压力基本保持不变，当车辆减速度值小于制动减速度设定值时，电子控制器去控制执行器提高车轮制动器油路油压，同时实时计算车轮滑移率，在设定滑移率标准值范围内，油路压力基本保持不变，当滑移率超过设定滑移率标准值时，再次电子控制器去控制执行器即压力调节器，降低到车轮制动器油路油压。ABS 按上述“降压→保压→升压→保压→降压”循环反复将车轮滑移率控制在规定标准范围内，以获得最佳的制动效能和制动稳定性能。一般车速大于一定值（如 8km/h）时，ABS 才起作用。目前，常规液压、气压制动可以通过增加电控系统实现 ABS 液压制动和 ABS 气压制动。

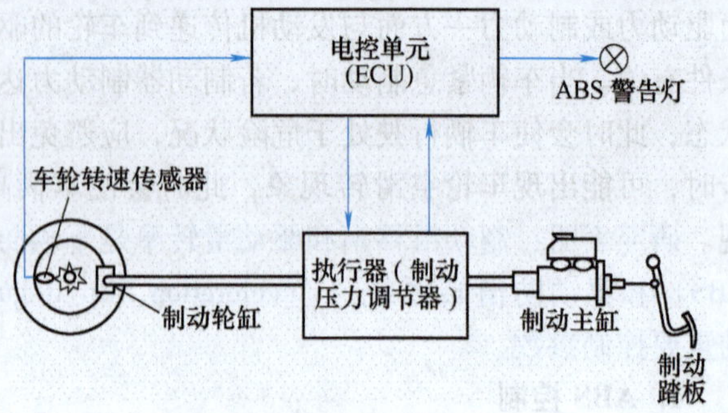

图 4-45 典型车轮防抱死制动系统（ABS）的基本原理

2. ASR 控制

同 ABS 的原理类似，车辆在冰雪等低附着系数路况起步时，可能出现车轮处于空滑转状态，此时会使车辆高耗能，起步处于危险状况，应避免出现。车轮驱动防滑转系统（ARS/ASR/TCS）控制的驱动滑转率 w，可以表示为

$$w=\frac{r\omega-v}{r\omega}\times 100\%$$

式中：w——驱动滑转率；

v——车轮中心的纵向瞬时速度（m/s）；

r——车轮滚动半径（m）；

ω——车轮转动瞬时角速度（rad/s）。

驱动滑转率 w 与地面驱动附着系数的关系类似 ABS 纵向、横向附着系数与滑移率的关系。ASR/TCS 的电控系统同样通过传感器实时计算车轮滑转率，起步或急加速工况时，设定加速度标准值，当滑转率超过设定范围值时，车轮出现驱动空转趋势，ASR/TCS 电控单元会发出指令到整车控制器及相应的动力驱动控制单元，降低动力装置输出力矩，控制车轮滑转率回到标准范围值内，类似 ABS 控制，ASR/TCS 电控系统循环反复控制输出力矩，实现车轮驱动防滑转。

3. ESP 控制

车身稳定控制程序（Electronic Stability Program，ESP）主要结合了 ABS 和 ASR/TCS 的功能，利用车辆在高速急转弯即大侧向加速度、大侧偏角的工况下，单独控制两侧车轮制动力或驱动力，产生横摆力矩来防止出现车辆侧滑现象，保证车辆的路径跟踪能力，提高了车辆高速行驶的灵活性和安全性，在急转弯（转向过度）工况下，图 4-46a 所示为无安装 ESP 的车辆运动轨迹，图 4-46b 为安装了 ESP 的车辆运动轨迹。

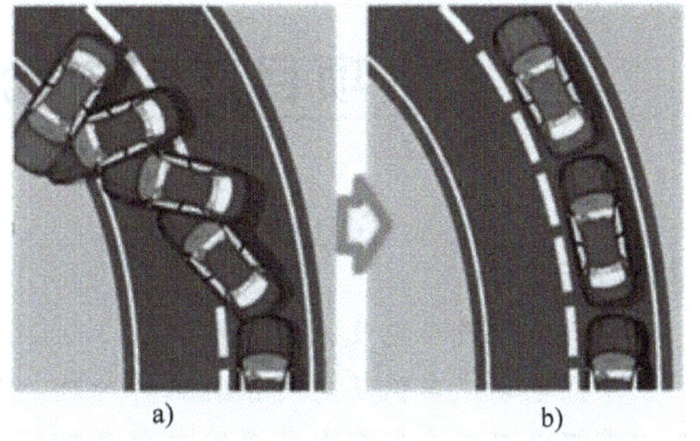

图 4-46　ESP 急转弯工况下车辆运动示意图

车辆车身运动包括纵向和侧向移动，车身俯仰运动、车身侧倾运动和车身侧滑转运动。目前，车身运动控制技术包括纵向起步、加速驱动控制 ASR/TCS 技术，纵向制动 ABS 和前、后制动力分配（Electric Brake Force Distribution，EBD）技术，ESP 通过整合 ASR/TCS、ABS 和 EBD 控制技术，实现了车辆运动侧向稳定控制。

思 考 题

1. 汽车行驶的必要条件有哪些？
2. 理解胎压监测 TPMS 的原理、车轮动平衡的含义以及轮胎拆装过程。
3. 前轮转向节是否属于独立车桥？
4. 简述电控悬架的功用、组成和控制策略。
5. 简述车轮定位设备的组成及原理。
6. 了解新能源汽车车身与结构的变化。
7. 理解四轮转向（Four Wheel Steering，4WS）技术。
8. 车辆能实现制动力大小是由哪些因素决定的？
9. 电磁原理在车辆上的应用有哪些？

项目五　电动汽车电气系统

学习目标：

掌握电动汽车电气系统组成。

掌握电动汽车低压电气系统工作原理、基本组成和特性。

掌握电动汽车低压电气系统工作原理、基本组成和特性。

掌握电动汽车车载网络通信的基本原理、基本组成和特性。

能力目标：

能够初步对各类电动汽车电气系统进行结构分析。

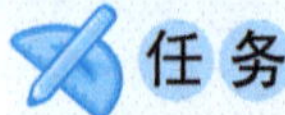

任务引入

电动汽车电气系统主要包括低压电气系统、高压电气系统和整车车载网络系统。电动汽车各种电气设备的工作由整车车载网络系统协调控制，图 5-1 所示为典型电动汽车电气系统的组成框图。

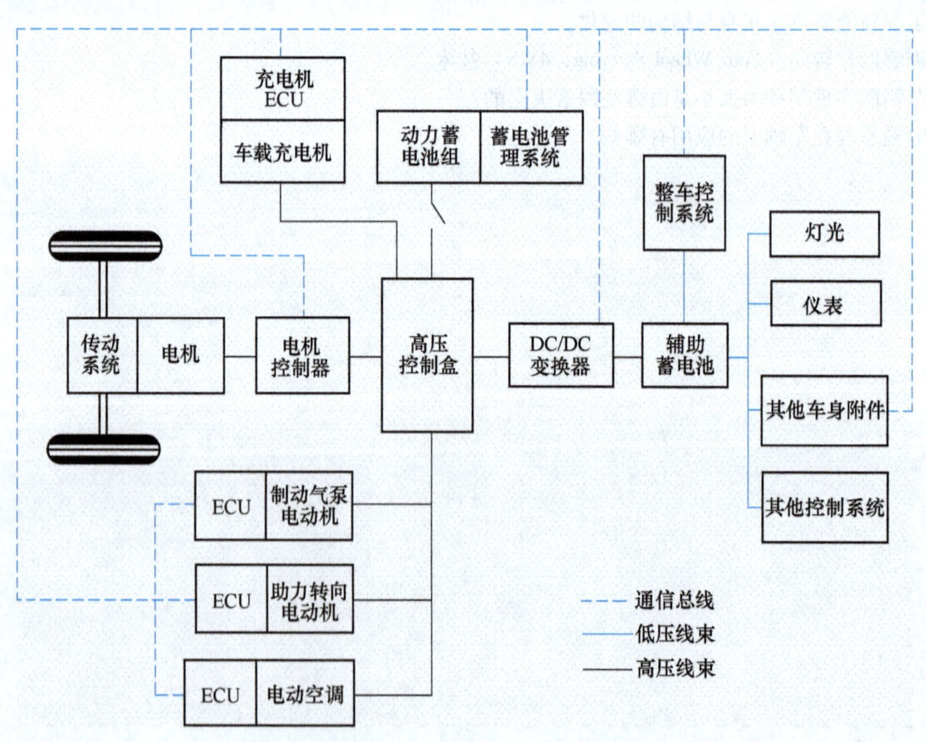

图 5-1　典型电动汽车电气系统的组成框图

图 5-1 中，高压电气系统主要由动力电池、驱动电机和功率变换器等大功率、高电压电气设备组成，根据车辆行驶的功率需求完成从动力蓄电池或燃料电池到驱动电机的能量变换与传输过程；低压电气系统采用直流 12V 或 24V 电源，一方面为灯光、刮水器等车辆的常规低压电气供电，另一方面为整车控制器、高压电气设备的控制电路和辅助部件供电；虚线连接为整车车载网络系统的通信总线连接，从而构成整车控制系统。

整车控制系统主要包括整车控制器、电机控制器、蓄电池管理系统、车身控制管理系统、信息显示系统和通信系统等。整车控制器是整车控制系统的核心，承担了数据交换与管理、故障诊断、安全监控、驾驶人意图解释等功能。各系统之间的信息传递通过网络通信系统实现，目前常用的通信协议是 CAN 协议，具有较好的可靠性、实时性和灵活性。信息显示系统可以实现整车工作状态的实时显示，如车速、电池状态（电压、电流、剩余电量等）、电机状态、故障显示等，方便驾驶人了解车辆的实时状态。

学习任务一　低压电气系统认知

问题引导 1：低压电气系统是怎样组成的?

由图 5-1 可知，DC/DC 变换器的高压输入是由动力蓄电池经过高压控制盒中的熔断器送到 DC-DC 变换器的高压输入端的；DC/DC 变换器的低压直接输出给低压蓄电池；整车控制器（VCU）通过使能控制信号线控制 DC/DC 变换器，DC/DC 变换器的故障信号线同时输给整车控制器（VCU）和组合仪表。另外，整车控制器（VCU）和动力蓄电池管理系统（BMS）之间通过新能源 CAN 总线进行通信。

北汽 EV200 电动汽车的低压 12V 供电系统如图 5-2 所示。

由图 5-2 可知，DC/DC 变换器作为高低压系统的枢纽，负责将高压电池电压转换成低压电压供低压 12V 系统供电。低压 12V 系统的供电分为两类：12V 常供电、ON 档 12V 供电。

问题引导 2：低压电气设备有哪些?

汽车电气系统的额定电压一般是 12V。电动汽车运行中的电压，一般 12V 系统为 14V。

1. 汽车照明与信号设备

汽车上装有多种照明设备，如前照灯、雾灯、牌照灯、仪表灯、顶灯、工作灯等。信号系统主要用于向其他人或其他车辆发出警告和示意信号。其主要信号设备有位灯、转向信号灯、制动灯、倒车灯、危险警告灯、雾灯和喇叭等。图 5-3 所示为特斯拉汽车的前照灯。

前照灯（headlight）。装在汽车头部两侧，包括近光灯与远光灯两部分，用来照亮车前的道路，让驾驶人能够监视道路情况，及时看清障碍物并做出反应。前照灯射出的灯光影像也可以给对面的来车作为识别信号。特斯拉汽车的前照灯可自动开启和关闭。

2. 仪表设备

仪表系统由组合仪表和其相连的电器组成，图 5-4 所示为比亚迪 e6 先行者的组合仪表，其表面由一层透明罩保护。

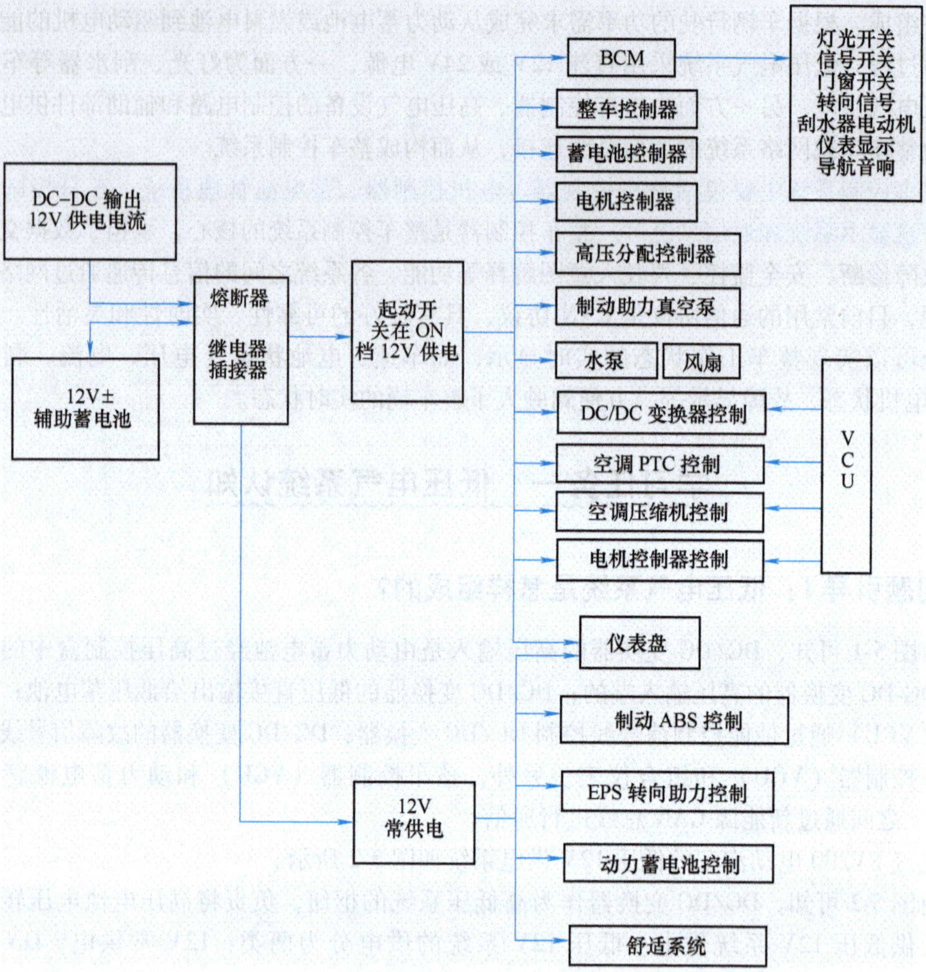

DC–DC 输出 12V 供电电流
12V± 辅助蓄电池
熔断器 继电器 插接器
起动开关在 ON 档 12V 供电
12V 常供电
BCM
整车控制器
蓄电池控制器
电机控制器
高压分配控制器
制动助力真空泵
水泵
风扇
DC/DC 变换器控制
空调 PTC 控制
空调压缩机控制
电机控制器控制
仪表盘
制动 ABS 控制
EPS 转向助力控制
动力蓄电池控制
舒适系统
灯光开关
信号开关
门窗开关
转向信号
刮水器电动机
仪表显示
导航音响
VCU

图 5-2 低压 12V 供电系统

图 5-3 特斯拉汽车的前照灯

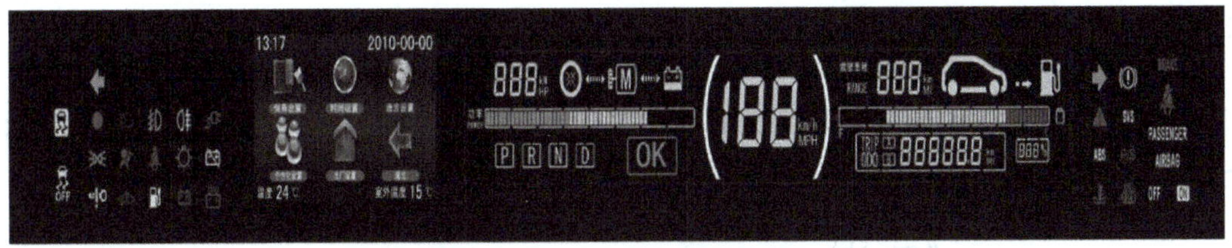

图 5-4　比亚迪 e6 先行者的组合仪表

组合仪表一般由车速表、可续驶里程表、剩余电量表、档位表和各种信号指示灯等组成。车速表显示汽车的实时速度；可续驶里程表显示估计剩余电量能够行使的里程数；剩余电量表显示车辆电量；档位表显示所挂档位；里程表显示已行驶的里程；各种信号指示灯显示状态、故障等信息。

3. 电动车窗

电动车窗可使坐在座位上的驾驶人或乘员利用开关使车门玻璃自动升降，操作简便并有利于行车安全。图 5-5 所示为电动汽车的四个电动车窗控制开关，其中一个驾驶人侧门窗控制开关和三个其他乘客侧门窗控制开关。

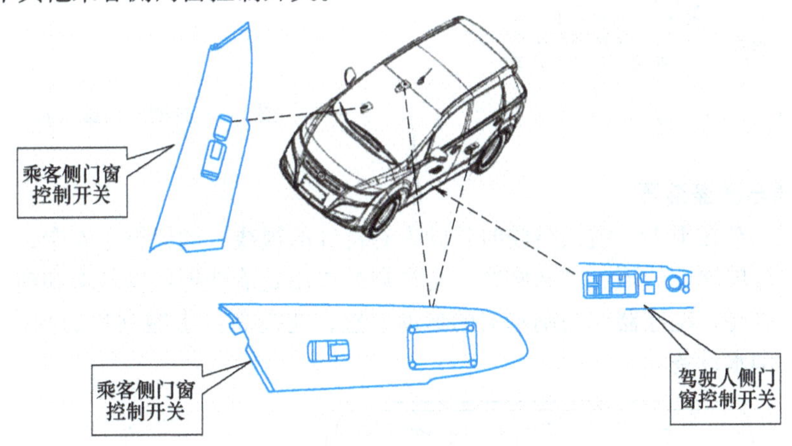

图 5-5　电动车窗控制开关

驾驶人侧门窗控制开关有四个按钮，可分别控制左前门、右前门、左后门、右后门四个门的玻璃升降器，控制级优先于右前门、左后门、右后门上的玻璃升降器开关。

4. 电动座椅

汽车座椅的主要功能是为驾驶人提供便于操作、舒适而又安全的驾驶位置；为乘员提供不易疲劳、舒适而又安全的乘坐位置。

图 5-6 所示为比亚迪 e6 主驾驶座电动座椅。它具备前后调节、靠背调节和腰撑调节等功能。

主驾驶座椅左侧护板前后方向第一个开关为座椅前后调节开关，向前推动开关座椅向前移动，向后推动开关座椅向后移动，将座椅移动至合适位置后，松开开关。主驾驶座椅左侧护板前后方向第二个开关为座椅靠背调节开关，向前转动开关，靠背向前旋转，向后转动开关，靠背向后旋转。主驾驶座椅左侧护板前后方向第三个开关为腰撑调节开关，向前按动开关，腰部支撑装置向前顶出，向后按动开关，腰部支撑装置向后缩进。

5. 门锁装置

门锁是车门锁定机构。电动汽车都安装了中央门锁系统，使汽车的使用更为方便和安全。典型的门锁设备如图 5-7 所示。

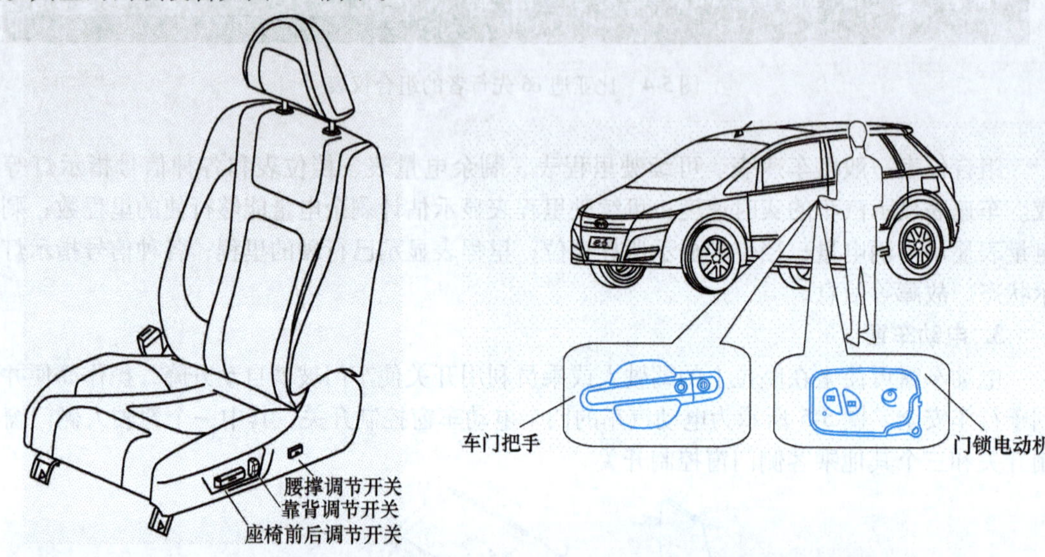

图 5-6　比亚迪 e6 主驾驶座的电动座椅　　　　图 5-7　典型的门锁设备

6. 刮水器与洗涤装置

为了保证汽车在雨天、雪天行驶时驾驶人有良好的视线，确保行车安全，利用刮水器刮除风窗及前照灯玻璃上的雨、雪和脏物。洗涤器的作用是清洗掉风窗玻璃和前照灯玻璃上的灰尘、稀泥和脏污；洗涤器作为刮水器的辅助装置，能提高刮水器刮片的刮刷性能。图 5-8 所示为典型的刮水设备。

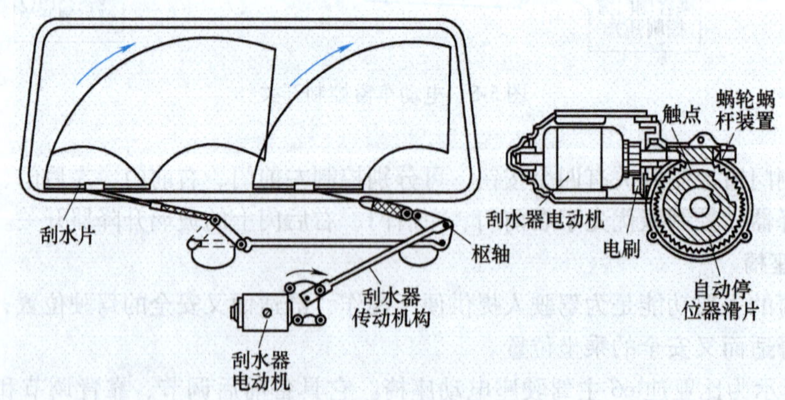

图 5-8　典型的刮水设备

7. 安全气囊和安全带

安全气囊（Supplemental Restraint System，SRS）也称为辅助乘员保护系统，是汽车的一种被动安全保护装置。安全带和安全气囊是目前在严重事故中最有效的限制系统。当车速较高时，仅靠安全带是不够的。根据对许多事故的研究表明，安全气囊与安全带的配合使用，可以消除超过60%的事故。安全气囊在汽车遇到碰撞而急剧减速时迅速膨胀，成为一个缓冲垫，以保护车内乘员不致碰到车内硬物。随着国内外汽车工业的迅速发展，轿车越来越普及，交通事故也就相应增多。随着人民生活质量的不断提高，人们的安全意识越来越强，因此对汽车安全设施的要求越来越完善。

根据气囊适用的碰撞类型不同可将安全气囊分为正面碰撞防护安全气囊、侧面碰撞防护安全气囊、膝部碰撞防护安全气囊等。正面碰撞防护安全气囊有较高的安全性，对正面碰撞事故中的驾驶人和前排乘员起到很好的安全保护作用。随着对乘车安全性要求的提高，侧面碰撞防护安全气囊和膝部碰撞防护安全气囊的使用也将逐渐增多。

比亚迪 e6 电动汽车的安全气囊系统主要由安全气囊电控单元（ECU）、驾驶人安全气囊（DAB）、前排乘员安全气囊（PAB）、前碰撞传感器（2 个）、侧碰撞传感器（2 个）组成。图 5-9、图 5-10 所示分别为比亚迪 e6 的安全气囊系统设备位置和碰撞传感器的位置。

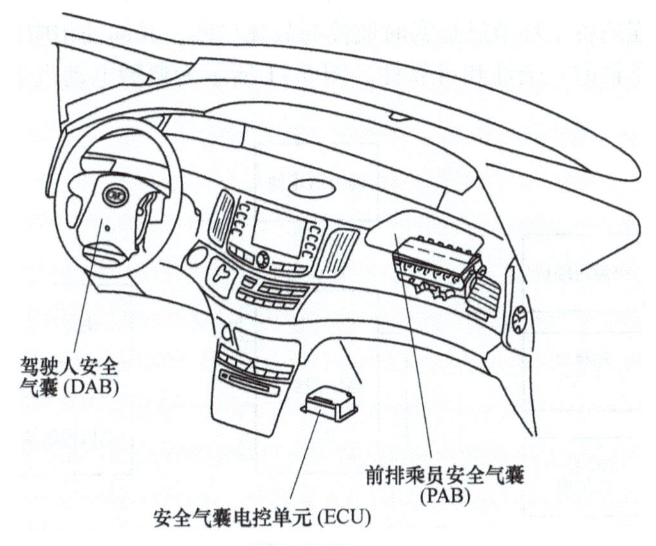

图 5-9　比亚迪 e6 安全气囊系统设备位置

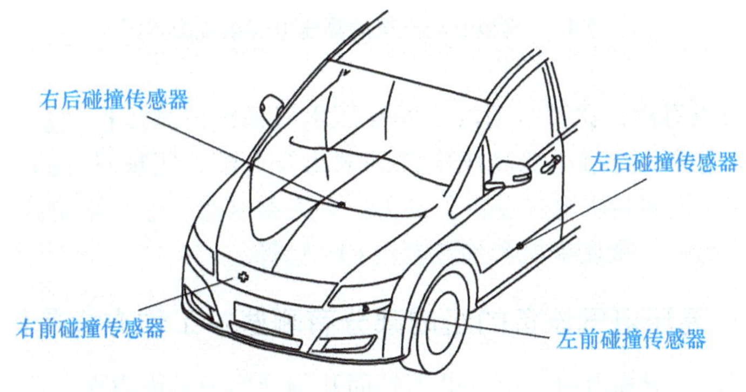

图 5-10　比亚迪 e6 安全气囊系统碰撞传感器的位置

学习任务二　高压电气系统认知

问题引导 1：高压电气系统是怎样组成的?

根据电动汽车的实际结构以及高压回路特性可知，电动汽车高压电气系统需要在保证整车动力传动的同时，实时监测高压电状态，要求高压电气系统能在发生故障时通过高压接触器及时切断高压回路，保证整车系统和乘客的安全，同时要求在驻车充电或驻车维修时，能切断所有可能的高压危险因素。

电动汽车设计合理的高压保护措施，是确保驾乘人员和车辆设备安全行驶的关键。为了保证高压电安全，必须针对高压电防护系统进行特别的设计与规划。首先将蓄电池组与相关的高压元器件集成在一个密封的箱体内，并在蓄电池箱体中设置断电器以保证发生故障时及时断开高压电的输出；其次在蓄电池中还必须设计高压电安全管理系统，实现对电动汽车上所有与高压母线相连的各个环节进行实时监控与故障诊断，并起动相应的失效控制策略和安全保护功能，确保车辆的安全性和可靠性。图 5-11 所示为典型电动汽车的高压电气系统配置图。

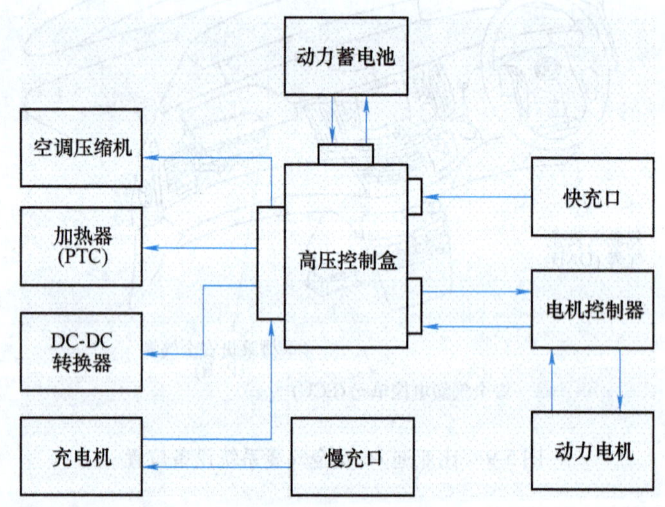

图 5-11　典型电动汽车的高压电气系统配置图

从图 5-11 中可以看出，典型电动汽车的高压电气系统以高压控制盒作为高压配电的核心部件，其功能是完成动力蓄电池高压电源的输出及分配，实现对支路用电器的保护及切断。与高压控制盒连接的高压电气设备分别为：动力蓄电池、电机驱动控制器、快充口、充电机、DC-DC 变换器、空调压缩机和加热器（PTC）等。

问题引导 2：高压电气设备的组成部分有哪些？工作方式是什么?

由于动力蓄电池、驱动电机、电动助力转向和制动助力等内容在项目二和项目三中已经叙述过，这里只对电动汽车的充电系统、DC/DC 变换器、空调系统等高压电气设备进行简单介绍。

1. 充电系统

（1）充电方式　目前，电动汽车的充电方式基本上有：常规充电方式、快速充电方式、更换蓄电池充电方式和无线充电方式等。这里只对常规充电方式和快速充电方式进行简单介绍。

1）常规充电方式。

常规充电方式采用恒压或恒流的传统充电方式对电动车进行充电。以相当低的充电电流为动力电池充电，以容量为150A·h的动力蓄电池为例，充电电流约为15A（相当于0.1C）的充电方式，充电时间要持续10h。相应的充电器的工作和安装成本相对比较低。电动汽车家用充电设施（车载充电机）和小型充电站多采用这种充电方式。车载充电机是纯电动汽车的一种最基本的充电设备。充电机作为标准配置固定在车上或放在行李箱里。由于只需将车载充电器的插头插到停车场或家中的电源插座上即可进行充电，因此充电过程一般由客户自己独立完成。直接从低压照明电路取电，电功率较小，由220V/16A规格的标准电网电源供电。典型的充电时间为8～10h（SOC达到95%以上）。这种充电方式对电网没有特殊要求，只要能够满足照明要求的供电质量就能够使用。由于在家中充电通常是晚上或是在用电低谷期，有利于电能的有效利用，因此电力部门一般会给予电动汽车用户一些优惠，如用电低谷期充电打折。

小型充电站是电动汽车的一种最重要的充电方式，充电机设置在街边、超市、办公楼、停车场等处，采用常规充电电流充电。电动汽车驾驶人只需将车停靠在充电站指定的位置上，接上接口插座即可开始充电，计费方式是投币或刷卡，充电功率一般在5～10kW，采用三相四线制380V供电或单相220V供电。其典型的充电时间是：补电1～2h，充满5～8h（SOC达到95%以上）。

2）快速充电方式。

快速充电方式是指在短时间内使动力蓄电池达到或接近充满状态的一种方法。该充电方式以1～3C的大充电电流在短时间内为动力蓄电池充电。充电功率很大，能达到上百千瓦。该充电方式以150～400A的高充电电流在短时间内为动力蓄电池充电，与常规充电方式相比安装成本相对较高。快速充电也可称为迅速充电或应急充电，其目的是在短时间内给电动汽车充满电，充电时间应该与燃油车的加油时间接近，大型充电站（机）多采用这种充电方式。

大型充电站（机）的快速充电方式主要针对长距离旅行或需要进行快速补充电能的情况进行充电，充电机功率很大，一般都大于30kW，采用三相四线制380V供电。其典型的充电时间是：10～30min。这种充电方式对电池寿命有一定的影响，对普通蓄电池不能进行快速充电，因为在短时间内接收大量的电量会导致蓄电池过热。快速充电站的关键是非车载快速充电组件，它能够输出35kW甚至更高的功率。由于功率和电流的额定值都很高，因此这种充电方式对电网有较高的要求，一般应靠近变电站附近或在监测站和服务中心中使用。此外，该充电方式还需采取较为复杂的谐波抑制措施，与常规充电方式相比安装成本相对较高，只适合大型充电站使用。

（2）充电接口形式　电动汽车充电器一般有车载充电器、交流充电器、交流充电桩和直流快速充电桩，如图5-12所示。

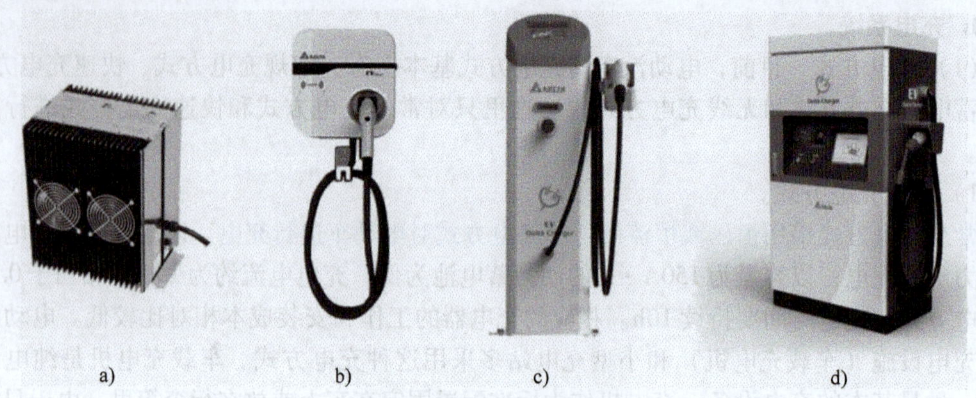

a)　　b)　　c)　　d)

图 5-12　电动汽车充电器

a）车载充电器　b）交流充电器　c）交流充电桩　d）直流快速充电桩

电动汽车充电器的充电插头每个国家都有标准，见表 5-1。

表 5-1　充电器的国家标准

国家	中国	美国	欧洲国家	日本
普通（交流）充电	GB/T 20234	SAE J1772 /IEC 62196-2	IEC 62196	IEC 62196-2
快速（直流）充电	GB/T 20234	SAE J1772 /IEC 62196-3	IEC 62196-3	CHAdeMO

2. DC/DC 变换器

DC/DC 变换器是直流/直流变换器的缩写。燃油车和电动汽车运行中给低压蓄电池充电的主要区别在于，燃油车的蓄电池由与发动机相连的交流发电机来充电，而电动汽车的低压蓄电池则由高压电源（动力蓄电池）通过 DC/DC 变换器来充电。电动汽车用来驱动电机转动的能量来自于动力蓄电池，动力蓄电池为数块电池串联，电压较高，所以也称为高压电源。

电动汽车中 DC/DC 变换器的主要功能如下：

（1）高压/低压变换器　DC/DC 变换器工作在高压/低压转换时的原理框图如图 5-13 所示。

由图 5-13 可知，单向 DC/DC 变换器把

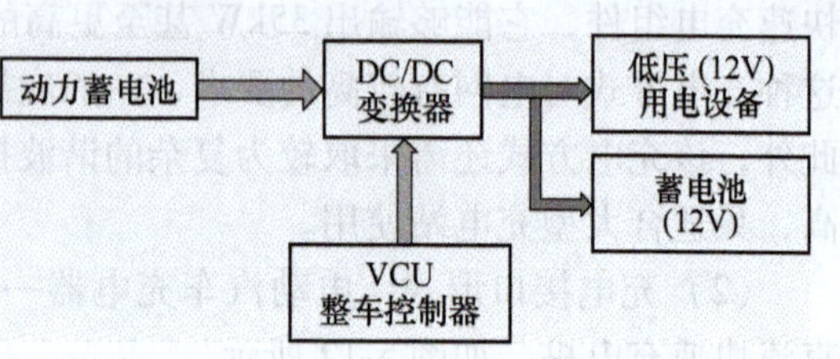

图 5-13　高压/低压变换器的原理框图

动力蓄电池高压直流降压为低压直流如12V或24V。例如，400V动力蓄电池在汽车行驶中会降到电机不能工作的电压，如280V，DC/DC变换器保证在280~400V变化电压区间内输出稳定的14V电压。另外，当动力蓄电池放电至放电下限后，汽车已经不能行驶时，DC/DC变换器仍能继续工作为电动汽车的基本辅助子系统提供稳定14V电力。

（2）高压/高压变换器 采用DC/DC变换器将动力蓄电池高压升为更高的直流电压来驱动电机，可提高系统的工作效率。

（3）低压/高压变换器 在高压动力蓄电池容量不能驱动汽车时，为了让汽车能开离路面，防止阻塞交通，而采用DC/DC变换器将12V/24V铅酸蓄电池电压升为高压锂离子蓄电池（或镍氢蓄电池）的电压来驱动电机。

3. 空调系统

汽车空调的功能是把车厢内的温度、湿度、空气清洁度及空气流动性保持在使人感觉舒适的状态。在各种气候环境条件下，电动汽车车厢内应保持如传统汽车般的舒适状态，以提供舒适的驾驶和乘坐环境。因此，一套节能、高效的空调系统对电动汽车起着至关重要的作用。

电动汽车和传统汽车的驱动力不同，使得它们的空调系统也有很大的区别：电动汽车没有用来采暖的发动机余热，不能提供作为汽车空调冬天采暖用的热源，电动汽车的空调系统必须自身具有供暖的功能。同时，压缩机也只能采用电机直接驱动，结构上与现有的压缩机形式不完全相同。同燃油汽车相比，电动汽车空调系统必须要解决制冷、制热两大问题，同时对节能、高效提出了更高的要求。

（1）电动汽车空调的制冷方式 早期的国产电动汽车由于受到蓄电池能力的限制，为了不影响电动汽车的续驶里程，大多数电动汽车都没有配备空调系统。随着国内电动汽车逐步产业化、市场化，电动汽车必然要配备空调系统。由于受到电动汽车独特性的影响，国内汽车厂家从传统燃油汽车空调的基础上进行部分替换设计，将燃油发动机带动的压缩机替换成电机直接驱动的压缩机，控制上相应改变，来完成空调制冷的功能，目前替换设计效果基本能解决电动汽车空调的制冷问题，但制冷效率有待提高。

在空调的主要零部件选用上，目前国内的电动汽车除了压缩机和控制模式，其他主要零部件还是沿用燃油汽车空调的零部件，冷凝设备主要用的是平行流冷凝器，蒸发设备主要用的是层叠式蒸发器，节流装置仍然是热力膨胀阀，制冷剂仍然是R134a。据不完全了解，国内在大力开发电动汽车的厂家（如奇瑞、比亚迪、北汽、一汽、上汽、江淮等）目前电动汽车空调配套情况基本差不多，都处于上述发展现状。

（2）电动汽车空调制热方式 目前，电动汽车空调系统有半导体式（热电偶）、电动热泵式、燃油加热式、正温度系数（Positive Temperature Coefficient，PTC）加热式等，其中PTC加热式最典型。

若电动汽车采用加热器的电制热方式，加热器一般配置在驾驶席和副驾驶席之间的地板下方。加热器由可用电发热的PTC加热器元件、将加热器元件的热量传送至散热剂（冷却液）的散热扇、散热剂流路和控制底板等。因要求加热器要有较高的制暖性，因此，电源使用的是驱动电机的动力电池的高压，而非辅助电池（12 V）。如果是纯电动汽车专用产品，也可以不使用冷却液，直接用鼓风机吹送经PTC加热器加热的暖风。

由于制造的加热单元要使用动力电池的高电压，用少量放热元件产生大量热量，因此，加热器需要丰富的设计和制造技术经验。加热器机身内部有板状加热器元件，通过在元件两侧通入散热剂（冷却液）提高散热性。加热器元件采用了普通 PTC 元件，PTC 元件夹在电极中间，具有电阻随元件温度改变的性质。在低温区，电阻低，电流流通产生热量，随着温度升高，电阻逐渐增大，电流难以流通，发热量随之降低。PTC 元件的特性符合汽车的制暖性能要求，即具备在低温区的高制暖性能。

学习任务三　车载网络通信认知

知识准备

国际上众多知名汽车公司早在 20 世纪 80 年代就积极致力于汽车网络技术的研究及应用，迄今为止，已有多种网络标准。目前存在的多种汽车网络标准，其侧重的功能有所不同。

按系统的复杂程度、信息量、必要的动作响应速度、可靠性要求等将多路传输系统分为低速（A）、中速（B）、高速（C）三类。

A 类是面向传感器/执行器控制的低速网络，数据传输位速率通常小于 10Kbit/s，主要用于后视镜调整，电动窗、灯光照明等控制；B 类是面向独立模块间数据共享的中速网络，位速率在 10 ~ 125Kbit/s，主要应用于车身电子舒适性模块、仪表显示等系统；C 类是面向高速、实时闭环控制的多路传输网，位速率在 125Kbit/s ~ 1Mbit/s 之间，主要用于牵引控制、先进发动机控制、ABS 等系统。

目前，汽车中的典型应用是：车身和舒适性控制模块都连接到中低速 CAN（Controller Area Network）总线上，并借助于 LIN（Local Interconnect Network）总线进行外围设备控制；而动力和传动控制系统通常会使用高速 CAN 总线连接在一起；远程信息处理和多媒体连接需要高速互连，视频传输又需要同步数据流格式，这些都可由 DDB（Domestic Digital Bus）或 MOST（Media Oriented Systems Transport）协议来实现；无线通信则通过蓝牙（Blue Tooth）技术加以实现。

而在未来，TTP（Time Trigger Protocol）和 FlexRay 将使汽车发展成百分之百的电控系统，完全不需要后备机械系统的支持。但是，至今仍没有一个通信网络可以完全满足未来汽车的所有成本和性能要求。因此，汽车制造商仍将继续采用多种协议（包括 LIN、CAN 和 MOST 等），以实现未来汽车上的联网。

问题引导 1：车载网络通信的基本原理是什么？

汽车上的电器设备随着汽车技术的发展日益增多，如何建立系统与电源系统之间和系统与系统之间的联系，成为必须面对和解决的问题。当汽车上的电器数量还不多时，人们采用的是传统的机电方式来解决问题的，如图 5-14 所示。

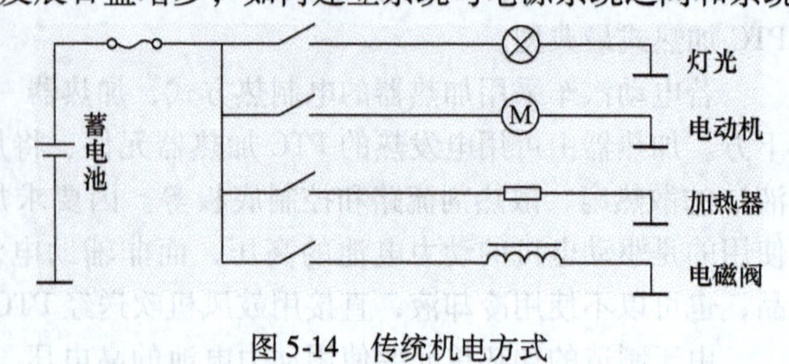

图 5-14　传统机电方式

采用传统的机电方式建立联系的系统简单明了，每个设备都由单独的连接线连接。其缺点是：当系统数量增加以后，会造成线束过多，维修困难，自重过大，增加汽车能耗，相互间易干扰等。为了避免这些缺点，于是出现了目前应用广泛的串行通信方式，如图 5-15 所示。

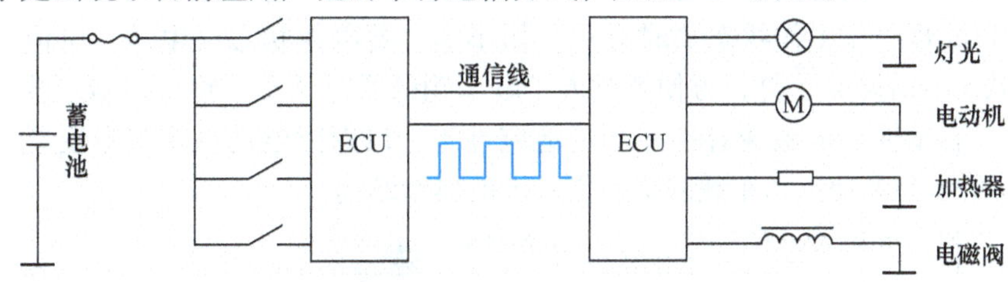

图 5-15　串行通信方式

车载网络系统使用串行通信方式，在通信的时候采用公共的通信线，这种采用较少的通信线路传输多种控制信息的方式也称为多路传输。目前车载网络技术已在汽车上广泛运用，可以实现以下功能：①简化布线，降低成本。②电控单元或系统之间交流更加简单和快捷。③信息资源共享，减少传感器数目。④提高汽车总体运行可靠性。

汽车车载网络技术在汽车上的应用对汽车电路的发展产生了巨大的影响，具体表现在以下几个方面：

（1）电源配置系统的变化　汽车电路中，采用了车载网络技术后，各用电设备实行模块化控制，使电源系统的熔断器和继电器的使用数量大为减少。另外，由于有故障自诊断的功能，负载即插即用，十分方便。

（2）控制单元间的信息共享　采用了车载网络技术后，各控制单元所采集的信号，可以实现信息共享。一个传感器可以多路复用，不必重复设置传感器和在相应的控制单元重复增设信号处理系统，使汽车电路得以简单化。

（3）元件作用在发生改变　用电设备采用了不同的控制单元后，控制用电设备是否工作的各种控制开关已不再串联在电路里，而是作为一个开关信号发送出去，通过输入单元接收，进而由输出单元（经开关电路）控制用电设备是否工作。由于开关工作电流的减小，使用耐久性也得到较大提升。

（4）元件的使用寿命增加　汽车采用车载网络技术还能提高元件的使用寿命。当用电设备负荷加大时，系统能够及时发现并自动使其退出工作状态，真正做到主动保护，消除了只有单一的熔断器熔断的被动保护方式，有效地防止了元件的损坏，延长了元件的使用寿命，避免了事故的发生。

（5）故障诊断方式发生变化　因各控制单元都具有智能化，系统产生故障后可直接显示，并存储故障码，以备维修时调用，为故障诊断简便化和准确化提供了强有力的支持。

问题引导 2：电动汽车车载网络通信的典型结构是怎样的？

电动汽车是一个高度集成的电气化系统，包括驱动电机控制系统、动力蓄电池管理系统、车载充电系统、电子辅助系统、低压电气系统等各子系统，必须通过一个整车控制系统来进行各子系统的协调控制，从而实现整车的最佳性能。

整车控制系统主要包括整车控制器、电机控制器、动力蓄电池管理系统、车身控制管理系统、信息显示系统和通信系统等。整车控制器是整车控制系统的核心，承担了数据交换与管理、故障诊断、安全监控、驾驶人意图解释等功能。各系统之间的信息传递通过网络通信系统实现，目前常用的通信协议是 CAN 协议，具有较好的可靠性、实时性和灵活性。信息显示系统可以实现整车工作状态实时显示，如车速、蓄电池状态（电压、电流、剩余电量等）、电机状态、故障显示灯，方便驾驶人了解车辆的实时状态。整车控制系统必须具有较高的可靠性、容错性、电磁兼容性和环境适应性等，以保障电动汽车整车安全、可靠地运行。图 5-16 所示为电动汽车车载网络通信系统的典型结构。

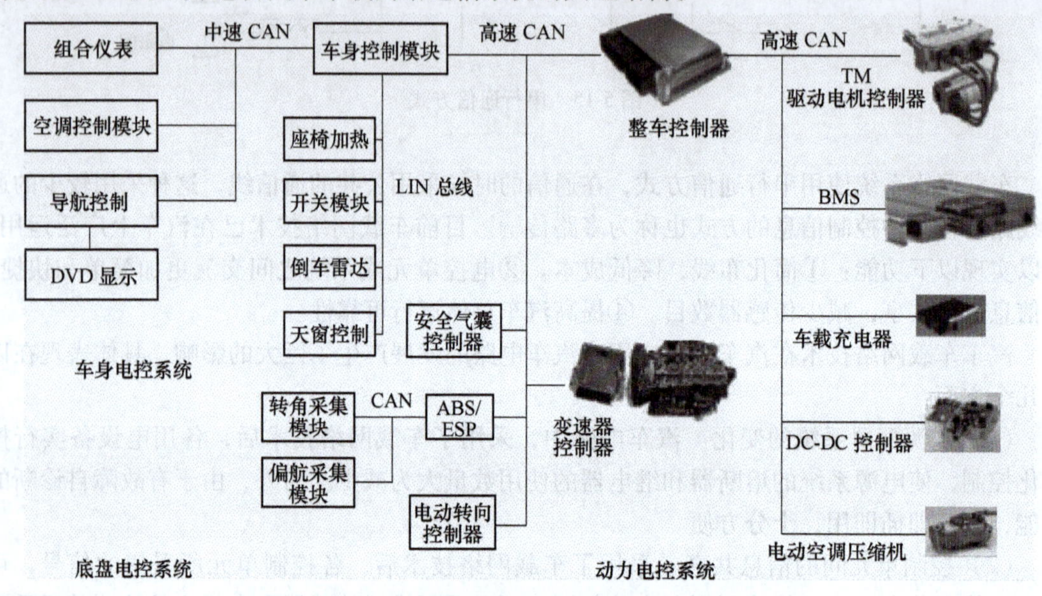

图 5-16　电动汽车车载网络通信系统的典型结构

图 5-16 中，由高速 CAN 总线将整车控制器（Vehicle Control Unit，VCU）、驱动电机控制器、动力蓄电池管理系统（BMS）、车载充电器、DC/DC 控制器和电动空调控制器等组成动力电控系统，这套 CAN 总线网络简称新能源动力 CAN 总线网络；车身电控系统和底盘电控系统部分 CAN 总线和 LIN 总线沿用了传统燃油汽车的网络架构，这部分网络简称原车网络。

整车控制器是整个电动汽车的核心控制部件，它采集加速踏板信号、制动踏板信号及其他部件信号，并做出相应判断后，控制下层的各部件控制器的动作，驱动汽车正常行驶。作为汽车的指挥管理中心，动力总成控制器的主要功能包括：驱动力矩控制、制动能量优化控制、整车的能量管理、CAN 网络的维护和管理、故障诊断和处理、车辆状态监测等，它起着控制车辆运行的作用。因此 VCU 的优劣直接影响着整车性能。

与各部件控制器的动态控制相比，整车控制器属于管理协调型控制和决策层控制，它是车辆智能化的关键，收集车辆运行过程中的信息，并根据智能算法的决策向物理器件层控制单元发送命令；动力源控制单元负责调解动力源系统部件以满足决策层控制单元的命令要求；驱动/制动控制单元则调节双向变量电机和能耗制动系统实现车辆各种工况，如驱动控制、防抱死制动等。整车控制系统采用一体化集成控制与分布式处理的体系结构，各部件都有独立的控制器，整车控制器对整个系统进行管理及各部件的协调。为满足系统数据交换量大，实时性、可靠性要求高的特点，整个分布式控制系统之间采用 CAN 总线进行通信。整车控制器通过 CAN 总线接口连接到整车的 CAN 网络上与整车其余控制节点进行信息交换和协调控制。

思　考　题

1. 分析电动汽车电力驱动系统的结构类型。
2. 分析电动汽车储能装置的结构类型。
3. 简述通信协议的三要素。
4. 分析通信协议的类型。
5. 分析 CAN 总线的数据传输过程。

项目六　典型电动汽车的结构与性能

学习目标：

对北汽 EV200 纯电动车结构、工作原理和整车性能参数分析。

对比亚迪 e5 纯电动车结构、工作原理和整车性能参数分析。

对比亚迪 K8 纯电动客车结构、工作原理和整车性能参数分析。

能力目标：

能够初步对各类电动汽车进行整车结构、原理和性能分析。

学习任务一　北汽 EV200 纯电动车认知

问题引导 1　北汽 EV200 纯电动车的技术特点是什么？

北汽新能源 EV200 是北京汽车集团于 2014 年年底推出的一款纯电动汽车，是一款集动感时尚、超强性能、科技配置、贴身安全、健康环保五大亮点于一体的精品自主 AO 级轿车。其外观如图 6-1 所示。

图 6-1　北汽 EV200 外观图

北汽新能源 EV200 汽车采用了大量的先进技术，如“空气卫士”空气净化系统等。

1）单电机驱动。北汽 EV200 采用的高效永磁同步电机最大功率为 53kW，最大转矩为 180N·m。

2）动力蓄电池及其管理系统。装载的动力蓄电池为三元材料，采用循环风冷技术，蓄电池采用封闭式处理。

3）采用真空液压制动方式，真空泵为电子真空泵。制动系统具有防抱死以及制动力分配功能。

4）再生制动技术。车辆制动时，电机回馈发电，将动能转化成电能，并储存到动力蓄电池，提升行车安全与续驶里程。

5）CAN 总线。通过 CAN 总线通信系统进行整车控制，实现整车的智能管理与维护，节省整车布线，具有低成本、安全可靠的特点。

6）车辆运行监控系统。车辆安装有信息记录模块和车载终端，能对车辆行驶速度、时间、里程以及其他行驶状态信息进行记录、存储，实现车辆远程实时数据监控、故障报警、车辆定位等功能。

7）电子转向助力是电机提供转向动力，辅助驾驶人进行转向操作的转向系统，满足驾驶人使用要求。

8）旋钮式电子换档机构、倒车影像及车内监视系统，方便驾驶人操作。

问题引导 2：EV200 纯电动车动力系统的组成是怎样的？

北汽新能源 EV200 汽车的动力核心是单电机驱动系统，它使用一个电机动力来直接驱动车轮进行工作，达到了低排放的效果。

北汽新能源 EV200 动力系统的主要高压部件在车上的位置如图 6-2 所示。

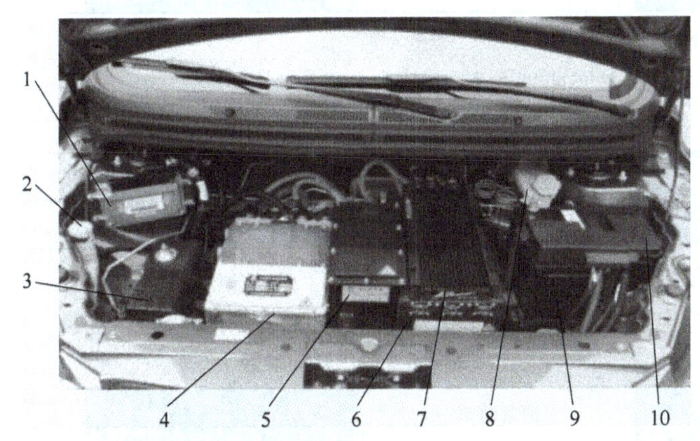

图 6-2　北汽 EV200 主要高压部件位置

1—整车控制器　2—洗涤液储液罐　3—低压熔丝盒（新能源）　4—驱动电机控制器　5—高压控制盒　6—车载充电机　7—DC-DC 变换器　8—制动液储液罐　9—低压蓄电池　10—前舱低压电器盒

问题引导 3：北汽 EV200 纯电动车的整车参数是怎样的？

1. 车身参数

北汽 EV200 纯电动车整车参数见表 6-1。

表 6-1　车 身 参 数

车长/mm	4025	前轮距/mm	1460
车宽/mm	1720	后轮距/mm	1445
车高/mm	1503	车身结构	两厢轿车
轴距/mm	2500	车门数	4
车重/kg	约 1295（空车）	座位数	5
最小离地间隙/mm	约 110	行李箱容积/L	220

2. 电机参数

北汽 EV200 纯电动车电机的参数见表 6-2。

表 6-2　电 机 参 数

电机类型	三相永磁同步电机	电机最大功率/kW	53
电机额定功率/kW 电机额定电压（AC）/V	30 320	电机最大转矩/N·m	180

3. 蓄电池参数

北汽 EV200 纯电动车电池参数见表6-3。

表6-3 电池参数

纯电最大续驶里程/km	190(综合工况)	快速充满电时间:	750V、20kW:0.5h
蓄电池容量 电池额定电压/V	30.4kW·h/91.5A·h 332.15	蓄电池保修年限	6年或15万km
普通充满电时间	交流220V、单相3.3kW:8h	蓄电池类型	SK三元锂蓄电池

4. 变速器参数

北汽 EV200 纯电动车变速器参数见表6-4。

表6-4 变速器参数

档位个数	1	变速器名称	电动车单速变速器
变速器类型	固定齿轮比		

5. 底盘转向参数

北汽 EV200 纯电动车底盘转向参数见表6-5。

表6-5 底盘转向参数

驱动方式	前置前驱	前悬架类型	麦弗逊式独立悬架
车体结构	承载式	后悬架类型	非独立悬架
助力类型	电动助力		

6. 车轮制动

北汽 EV200 纯电动车车轮制动参数见表6-6。

表6-6 车轮制动参数

前制动器类型	通风盘式	前轮胎规格	185/65 R14
后制动器类型	鼓式	后轮胎规格	185/65 R14
驻车制动类型	机械驻车	备胎	非全尺寸

问题引导4：北汽 EV200 电动汽车有哪些使用注意事项？

纯电动汽车与传统汽车最大的区别就是动力变了，油路变电路，纯电动车的蓄电池组与电机代替了传统汽车的发动机来驱动汽车行驶。所以要想延长纯电动车的使用寿命，保养好电机和电池就格外重要。那么纯电动汽车在日常使用中具体要注意哪些事项呢？

1）车辆安装了300多伏的高压动力蓄电池，驱动电机的工作电压也是高压，所有的高压线缆和插接头在设计、制造和装配工作中严格按照相关国家标准和行业标准执行，请不要触摸高压线缆（这些高压线缆表面颜色为橘黄色）及插接件，拆卸或更换驱动电机、动力蓄电池、高压线束等零部件时必须断电，防止触电。

2）请遵循车上零部件所附的所有警告标签提醒的注意事项。

3）对汽车部件的任何变更，可能影响汽车性能和高压安全，可能导致触电等安全上的危险，因此任何涉及拆卸电器或更换继电器的工作严禁自行操作。

4）极端天气下车辆使用建议。夏季天气炎热，为保证车辆及驾驶人安全，建议不要将车辆长期停放在高温烈日下暴晒，最好停放在通风效果好的空地。雨天时，若地面积水没过电池包底部，严禁起动车辆。冬季使用时，动力蓄电池的效率较低，当车辆使用完毕后，应立即给车辆进行充电，建议随用随充，以提高充电效率。

5）电动车机舱使用注意事项。打开电动车机舱前，必须将钥匙拧至 OFF 档；电动车机舱内部标有高压危险警示标的器件，严禁用手直接去触摸；车辆机舱内严禁喷水、冲洗；不要在雨中打开前舱盖，以防止漏电。用户不得私自开启高压电器盒。

6）车门无法打开可能是 12V 蓄电池电量不足。

7）车辆无法起动可能的原因：SOC 当前电量过低；充电口盖未关闭好；12V 蓄电池电量不足等。

8）在前舱进行作业之前，必须关闭起动开关。

9）发生事故时的注意事项：

①保持车辆处于 N 档，关闭汽车。

②如果车上电线裸露或破损，禁止触碰任何电线，以防触电。

③如果发生火灾，应立刻离开车辆并用磷酸铵盐类灭火器灭火，或用大量水灭火。

④如果车辆发生碰撞，不允许再次起动车辆。

⑤当车辆部分或全部浸没在水中时，关闭车辆并及时逃离。

10）动力蓄电池系统回收。该车所用动力蓄电池为锂离子系统，安装于汽车底盘位置，随意处理可能对环境造成污染和危害。

11）车内空调温度不要调得过冷或暖风不要调得过热，使用空调或暖风会使车的行驶里程缩短 10% ~20% 。

12）轻踩加速踏板既安全又“省电”。

13）车辆具备能量回收系统，使用 D 档或 E 档进行滑行或者踩制动踏板减速时，能量回收系统会给车辆充电。

学习任务二 比亚迪 e5 纯电动车认知

问题引导 1：比亚迪 e5 纯电动车的技术特点是什么？

比亚迪依靠电池技术起家，最早进行电动汽车的研究，相继推出了比亚迪 F3DM、比亚迪 e6、比亚迪秦 EV、比亚迪 e5、比亚迪宋 EV 等多款电动车型，并取得了相当不错的销量，比亚迪依靠弯道超车，成为国内新能源车的排头企业。

比亚迪（BYD）e5 纯电动汽车于 2016 年年初上市，为国内主流的紧凑型纯电动乘用车。

比亚迪 e5 纯电动车以比亚迪燃油车为车身基本框架，车内采用比亚迪自主研发的电池、电机系统。比亚迪 e5 纯电动车外观如图 6-3 所示。

图 6-3 比亚迪 e5 纯电动车外观图

比亚迪 e5 最大的亮点，即采用电力驱动，其动力蓄电池和起动蓄电池均采用比亚迪自主研发生产的 ET-POWER 磷酸铁锂蓄电池，不会对环境造成任何危害，其含有的所有化学物质均可在自然界中被环境以无害的方式分解吸收，能够很好地解决二次回收等环保问题，是绿色环保的蓄电池。铁蓄电池经过高温、高压、撞击等试验测试，安全性能非常好，短路爆炸机会不高。在能量补充方面，比亚迪 e5 可使用220V 民用电源慢充，快充为 3C 充电，15min 左右可充满 80%。其他特点如下：

1）永磁同步电机驱动及电机控制器。比亚迪 e5 电机额定功率为 80kW，最大功率为 160kW；额定转矩为 160N·m，最大转矩为 310N·m。双向逆变充放电式电机控制器（VTOG）。

2）动力蓄电池及其管理系统。装载动力蓄电池使用多个比亚迪的磷酸铁锂蓄电池单体组装成。电源管理系统通过蓄电池智能温控系统对使用过程中的蓄电池温度进行智能调控，稳定蓄电池放电功率，有效保护蓄电池，采用循环风冷加液冷技术，蓄电池采用封闭式处理。

3）采用 BOS 制动优先系统。真空液压制动方式，真空泵为电子真空泵。制动系统具有防抱死以及制动力分配功能。驻车方面，使用电子驻车 EPB，使用电机进行驻车制动，代替了传统的机械拉索式驻车制动。比亚迪 e5 仍具有传统的 P 档驻车功能，P 档驻车和 EPB 驻车可以联动。

4）再生制动技术。车辆制动时，电机回馈发电，将动能转化成电能，并储存到动力电池，提升行车安全与续驶里程。

5）CAN 总线。通过 CAN 总线通信系统进行整车控制，实现整车的智能管理与维护，节省整车布线，具有低成本、安全可靠的特点。

6）车辆运行监控系统。车辆安装有信息记录模块和车载终端，能对车辆行驶速度、时间、里程以及其他行驶状态信息进行记录、存储，实现车辆远程实时数据监控、故障报警、车辆定位等功能。

7）电子转向助力是电机根据车速进行转向助力，满足驾驶人使用要求。

8）采用电子档把、一键式 P 档驻车、中控彩色大屏、倒车影像及车内监视系统，方便驾驶人操作。

9）配备车内空气调节、花粉过滤系统、PM2.5 绿净系统，可实时监测车内、外空气质量，快速降低车内 PM2.5 值。

10）具有云服务功能。可支持远程落/解锁、开启空调、预约充电，实时了解车况信息、查询充电站，以及地图发送等功能。

问题引导 2：比亚迪 e5 纯电动车动力系统的组成是怎样的？

比亚迪 e5 使用 1 个动力蓄电池包作为动力源，代替传统汽车的油箱。蓄电池位于汽车车架底部，使用多个比亚迪的磷酸铁锂蓄电池单体组装成，直流电压为 650V，蓄电池容量为 75A·h，电量约 43kW·h。

它使用 1 个三相交流永磁电机作为驱动电机，代替传统汽车的发动机。电机额定功率为 80kW，最大功率为 160kW；额定转矩为 160N·m，最大转矩为 310N·m。驱动方式为前置前驱，电机和变速器都位于汽车前舱处。蓄电池输出经过交流逆变后，驱动电机转动，经过变速器传动到前轮带动后轮行进。

比亚迪 e5 纯电动车动力系统的主要高压部件在车上的位置及高压电控总成如图 6-4 所示。

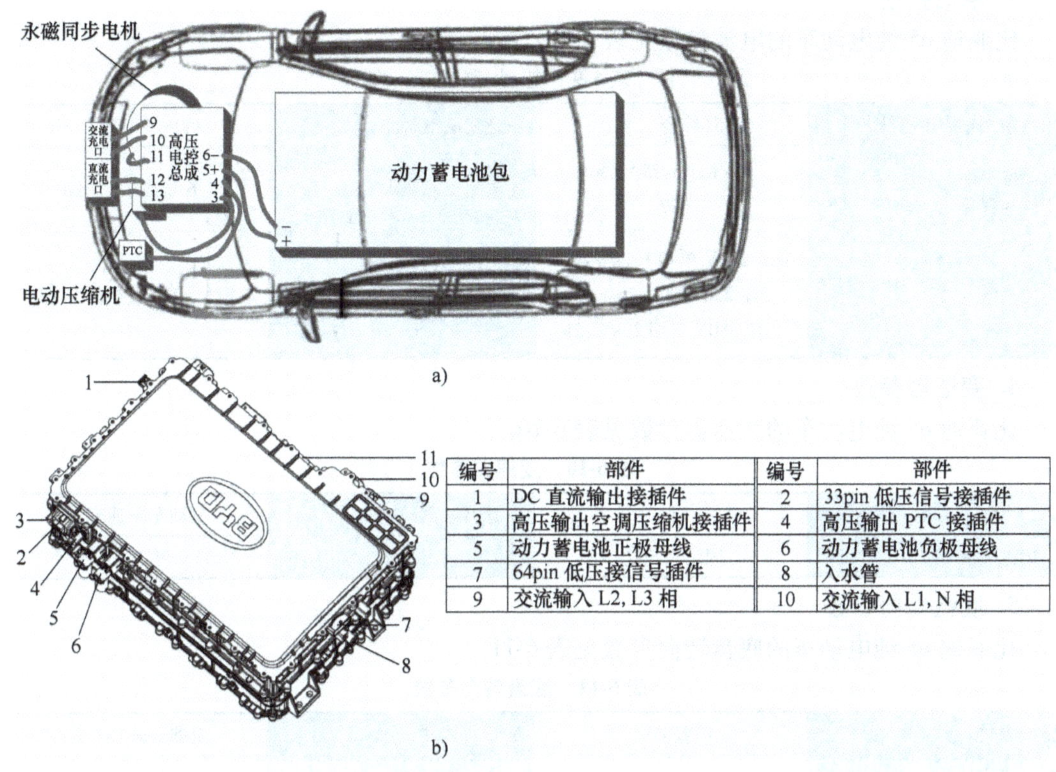

编号	部件	编号	部件
1	DC 直流输出接插件	2	33pin 低压信号接插件
3	高压输出空调压缩机接插件	4	高压输出 PTC 接插件
5	动力蓄电池正极母线	6	动力蓄电池负极母线
7	64pin 低压接信号插件	8	入水管
9	交流输入 L2, L3 相	10	交流输入 L1, N 相

图 6-4　主要高压部件在车上的位置及高压电控总成

a）主要高压部件在车上的位置　b）高压电控总成

问题引导 3：比亚迪 e5 纯电动车的整车参数是怎样的?

1. 车身参数

比亚迪 e5 纯电动车的车身参数见表 6-7。

表 6-7　车 身 参 数

车长/mm	4680	前轮距/mm	1525
车宽/mm	1765	后轮距/mm	1520
车高/mm	1500	车身结构	三厢轿车
轴距/mm	2660	车门数	4
车重/kg	约 1900（空车）	座位数	5
最小离地间隙/mm	约 160	行李箱容积/L	450

2. 电机参数

比亚迪 e5 纯电动车的电机参数见表 6-8。

表 6-8　电 机 参 数

电机类型	三相永磁同步电机	电机最大功率/kW	160
电机额定功率/kW 电机额定电压（AC）/V	80 620	电机最大转矩/N·m	310

3. 电池参数

比亚迪 e5 纯电动车的电池参数见表 6-9。

表 6-9 电 池 参 数

纯电最大续驶里程/km	305(综合工况)	快速充满电时间	750V、80kW;0.5h
蓄电池容量 蓄电池额定电压/V	43kW·h/75A·h 627	蓄电池保修年限	6 年或 15 万 km
普通充满电时间	交流 220V 单相 1.7kW;30h 交流 220V 单相 7kW;6h 交流 380V 三相 20kW;2h	蓄电池类型	磷酸铁锂

4. 变速器参数

比亚迪 e5 纯电动车的变速器参数见表 6-10。

表 6-10 变速器参数

档位个数	1	变速器名称:	电动车单速变速器
变速器类型	固定齿轮比		

5. 底盘转向参数

比亚迪 e5 纯电动车的底盘转向参数见表 6-11。

表 6-11 底盘转向参数

驱动方式	前置前驱	前悬架类型	麦弗逊式独立悬架
车体结构	承载式	后悬架类型	多连杆式独立悬架
助力类型	电动助力		

6. 车轮制动参数

比亚迪 e5 纯电动车的车轮制动参数见表 6-12。

表 6-12 车轮制动参数

前制动器类型	通风盘式	前轮胎规格	205/50 R16
后制动器类型	盘式	后轮胎规格	205/50 R16
驻车制动类型	电子驻车	备胎	非全尺寸

问题引导 4：比亚迪 e5 纯电动车有哪些使用注意事项？

比亚迪 e5 是典型的大电池、单电机、固定变速比的纯电动汽车，其使用注意事项如下：

1）开车前请比较一下到目的地的距离和里程表上显示的可行驶里程，然后决定是否需要在去目的地之前或路上对铁蓄电池充电。

2）驾驶之前，需确认电子驻车被充分释放，驻车制动提示灯熄灭。

3）电机在运转中，请勿离开车辆。

4）当车在“D”档或“R”（倒退）档并且安全带收紧时，踩下加速踏板后，电子驻车制动会自动松开。

5）再生制动系统能够将车辆前进的能量转换为电能帮助车辆减速。

6）如果电量低警告灯亮起，说明动力蓄电池电量不足，需要补充电量。

7）起动型铁蓄电池内有继电器，在工作时发出“嗒嗒”的声音属于正常现象。

8）起动型铁蓄电池需要专业充电工具，请勿私自取下对蓄电池补充电量。

9）禁止对其他燃油车辆进行跨接起动操作，可能会损坏起动型铁蓄电池。

10）为了使动力蓄电池处于最佳状态，请定期使用充电设备为动力蓄电池充满电（建议每周至少一次满充）。

11）长期存放不使用车辆时，请务必先充电至100%，然后再放电至30%～40%之间。如果存放时间超过三个月的必须要对蓄电池进行充电，否则可能会引起蓄电池过放，降低蓄电池性能。由此导致的车辆故障及损坏，也将无法进行质保。

12）车外放电需在“OFF”档，车内放电需在“OK”档。

13）放电前请确认整车电量，估算剩余续驶里程。

14）VTOG放电前，确保负载处于关闭状态。

15）VTOG放电前，确保受电车辆在可充电状态，且两车充电口间距离不得超过VTOG放电装置电缆长度。

16）VTOG放电前，先连接受电车辆端接口，再连接放电车辆端接口。

学习任务三　比亚迪K8纯电动客车认知

问题引导1：比亚迪K8纯电动客车的技术特点是什么?

比亚迪K8是比亚迪着力打造的一款新能源、新动力、新概念的纯电动客车产品，整车搭载比亚迪自主研发的全球领先的铁蓄电池和轮边驱动总成及控制系统。遵循以人为本的设计理念，真正的全通道超低地板，配以宽敞、舒适、现代、极具人性化的车内装饰，充分体现“绿色、环保、科技”的主题。比亚迪K8纯电动客车外观如图6-5所示。

图6-5　比亚迪K8纯电动客车外观图

比亚迪K8纯电动客车采用了大量的先进的自主研发技术，如动力源采用比亚迪铁蓄电池核心技术，超大容量蓄电池使整车在我国典型公交工况下续驶里程达到250km以上等。

1）采用轮边驱动技术，轮边驱动电机最大功率为90kW×2，最大转矩为400N·m×2。

2）装载了比亚迪自主研发的高能量密度、高功率密度、高安全性的铁蓄电池动力系统。

3）车身采用全铝合金设计，轻量化幅度达到40%，车身抗扭刚度提高了20%，续驶里程大幅提高。同时，由于铝合金优异的耐腐蚀性能，全铝车身的寿命与传统车身相比，将大幅提高。

4）电池布置于车厢地板下，有利于提高车内空间，增加乘客座椅及可承载的乘客数量，整车布置有38+1个座椅，将中段双人座椅改成单排，基本实现座椅最大化。

5）采用两级踏步设计，裙边离地间隙达到240mm，通过性大大提高，满足不同道路对车辆通过性的要求。

6）再生制动技术。车辆制动时，电机回馈发电，将动能转化成电能，并储存到动力电池，提升行车安全与续驶里程。

7）CAN 总线。通过 CAN 总线通信系统进行整车控制，实现整车的智能管理与维护，节省整车布线，具有低成本、安全可靠的特点。

8）车辆运行监控系统。车辆安装有信息记录模块和车载终端，能对车辆行驶速度、时间、里程以及其他行驶状态信息进行记录、存储，实现车辆远程实时数据监控、故障报警、车辆定位等功能。

9）智能钥匙系统。应用智能钥匙系统，具有身份智能识别、一键起动，车辆与车身防盗功能，安全可靠。

10）整车舒适性。

①机械式空气悬架系统，实现整车高度调节。

②倒车影像及车内监视系统，方便驾驶人操作。

③多功能转向盘，四向可调，满足驾驶人的使用要求。

④整车在后舱、车架中段和后段做降噪处理，在骨架中间填充吸音毡和隔音片，有效降低车内噪声，提高乘坐舒适性。

（1）整车安全性。

①蓄电池位于汽车底盘后部车架处，充分利用二级踏步车型地板下方空间，降低整车的质心，增加整车的侧翻角，最大静态侧翻角达到42°，使车辆在行驶时更加安全。

②前、后桥均采用22.5′盘式制动器，制动力矩大，散热性能好；采用防抱死制动系统。

③在乘客门开启状态下，整车行车制动生效。

④整车采用双线制、漏电报警装置、接插件360°防触指等设计。

（2）安全配置。

①整车配置有后舱及动力蓄电池自动灭火装置、安全锤、前后乘客门内外式应急开关、前后围防撞梁、安全天窗和灭火器等应急安全装置。

②车辆出现异常，突然断高压的情况下，转向延时功能自起动，维持转向助力30s，便于驾驶人将车辆停到路边安全位置。

问题引导2：比亚迪 K8 纯电动客车动力系统的组成是怎样的？

比亚迪 K8 纯电动客车动力系统使用2个动力蓄电池包作为动力源，代替传统汽车的油箱。蓄电池位于汽车底盘后部车架处，使用多个比亚迪的磷酸铁锂蓄电池单体组装成，直流电压为540V，蓄电池容量为440A·h。

比亚迪纯电动客车 K8 采用轮边驱动技术，驱动桥总成是集成轮边驱动和再生制动两大技术的低地板后桥。驱动桥总成主要包括：驱动电机、轮边减速机构、制动系统、C 型臂和桥壳、轮毂等。

比亚迪 K8 纯电动客车动力系统的主要高压部件在车上的位置如图6-6 所示。

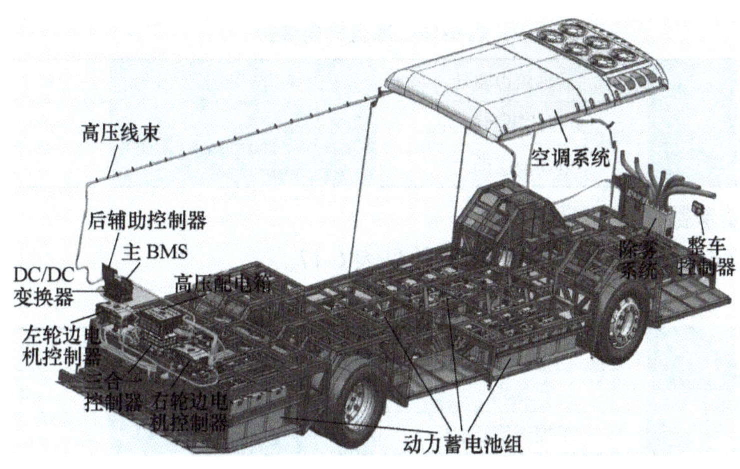

图 6-6 比亚迪 K8 纯电动客车主要高压部件在车上的位置

问题引导 3：比亚迪 K8 纯电动客车的整车参数是什么？

1. 车身参数

比亚迪 K8 纯电动客车的整车参数见表 6-13。

表 6-13 车 身 参 数

车长/mm	10490	前轮距/mm	2089
车宽/mm	2500	后轮距/mm	1904
车高/mm	3150	车身结构	客车
轴距/mm	5000	车门数	2
车重/kg	约 12200（空车）	座位数	38 + 1
最小离地间隙/mm	约 140	行李箱容积/L	

2. 电机参数

比亚迪 K8 纯电动客车的电机参数见表 6-14。

表 6-14 电 机 参 数

电动机/发动机类型	三相永磁同步电机	电动机最大功率/kW	90 × 2
电动机额定功率/kW 电动机额定电压（AC）/V	90 540	电动机最大转矩/N · m	400 × 2

3. 电池参数

比亚迪 K8 纯电动客车的电池参数见表 6-15。

表 6-15 电 池 参 数

纯电最大续驶里程/km	250（中国典型公交工况）	快速充满电时间	750V 2 ~ 3h
蓄电池容量 蓄电池额定电压/V	237kW · h/440A · h 540	蓄电池保修年限	6 年或 15 万 km
普通充满电时间	无	蓄电池类型	磷酸铁锂

4. 底盘转向

比亚迪 K8 纯电动车的底盘转向参数见表 6-16。

表 6-16 底盘转向参数

驱动方式	后轴轮边驱动	前悬架类型	空气悬架
车体结构	分段式平面桁架	后悬架类型	空气悬架
助力类型	电动液压助力		

5. 车轮制动参数

比亚迪 K8 纯电动客车的车轮制动参数见表 6-17。

表 6-17 车轮制动参数

前制动器类型	盘式	前轮胎规格	275/70 R22.5
后制动器类型	盘式	后轮胎规格	275/70 R22.5
驻车制动类型	手控弹簧蓄能	备胎	非全尺寸

问题引导 4：比亚迪 K8 纯电动客车有哪些使用注意事项？

纯电动客车与传统客车最大的区别就是动力变了，油路变电路，纯电动客车的蓄电池组与电机代替了传统客车的发动机来驱动汽车行驶。所以要想延长纯电动客车的使用寿命，保养好电动机和蓄电池格外重要。纯电动客车在日常使用中具体要注意下列事项：

1）2500km 磨合期，驱动电机转速不要超过 5000r/min。

2）设计车速最高为 69km/h，对应电机转速为 7100r/min。

3）前、后制动气压表正常气压在 0.6～1.0MPa 之间，在高压电状态时，低于 0.6MPa 则自动进行充气。

4）电量表。在电量 SOC（指荷电状态）低于 20% 的情况下，避免爬坡行驶；在 SOC 低于 10% 的情况下，需要寻找附近的充电站进行充电。

5）冷却液温度达到 55℃时，冷却风扇开启，温度过高达到 75℃时，冷却液温度报警器开始报警。

6）在 D 档时，下坡或滑行时可以回馈电能给蓄电池充电。

7）在行驶路面积水不小于 30cm 时，即水深至车辆车身裙部时，避免进入（停留）水中，停止行驶。

8）在不大于 10cm 的涉水路面行驶时，要考虑行驶中随着车辆运行的速度，会产生水波涌、飞溅等导致动力蓄电池舱及电机进水漏电的可能，车辆应以不超过 20km/h 的速度行驶。

9）当行驶道路路面积水在 10～30cm 之间时，应以不超过 15km/h 的速度行驶。

学习任务四 丰田普锐斯混合动力车认知

问题引导 1：丰田普锐斯混合动力汽车的技术特点是什么？

丰田公司于 1997 年开始销售普锐斯混合动力汽车，目前已经发展到第四代插电式混合动力汽车。普锐斯是世界上第一款大批量生产的混合动力车型，第三代普锐斯（常规混合动力）现在已在我国生产并上市。其外观如图 6-7 所示。

丰田普锐斯混合动力汽车采用了大量的先进技术，如丰田汽车公司自行开发的混合动力系统（Toyota Hybrid System，THS）等。

图 6-7　丰田普锐斯外观图

1）使用汽油机和电机两种动力，通过串联和并联相结合即混联的方式进行工作。汽油机为阿特金森循环发动机，最大功率为 57kW，电机为永磁同步电机，其最大功率为 50kW。

2）节气门、变速杆、牵引力控制和车辆稳定性控制都采用了“线控”技术，提高了操纵性。

3）电控无级变速器。它的动力分配装置将发动机和电机的力矩分配给驱动轮或发电机，通过选择性地控制动力源的转速，模拟变速器传动比的连续变化，工作起来像普通的无级变速器一样。

4）电动牵引力控制。它是世界最早采用电机施力的牵引力控制系统的，各组成部件之间信息传递快，提高了整车的主动安全性。

5）电子变速杆。电子变速杆安装在仪表盘上，比传统的变速杆使用起来更加方便、灵活，可以用指头点动。

6）电控制动系统。踩动制动踏板会触动停车的控制电路，电控制动系统响应迅速，提高再生制动系统的效率，将车辆制动时的动能回收。同时具有智能驻车辅助系统。

7）全电动空调系统。其空调压缩机由空调变频器驱动，具有以下优点：

①即使发动机熄火，空调也能发挥最大效率。

②空调与发动机的运转各自独立，空调的运转不会降低汽车的行驶性能。

③电动水泵能够在发动机熄火时向加热器供热。

④其电动压缩机体积小，重量轻。

8）LED 停车灯。LED 器件点亮的速度快、省电。

9）智能钥匙系统。应用智能钥匙系统，具有身份智能识别、一键起动，车辆与车身防盗功能，安全可靠。

问题引导 2：丰田普锐斯混合动力系统的组成是怎样的？

丰田混合动力汽车的动力核心是丰田混合动力系统（Toyota Hybrid System，THS），它使用汽油机和电机两种动力，通过串联与并联相结合即混联的方式进行工作，达到了低排放的效果。

丰田混合动系统的主要高压部件在车上的位置如图 6-8 所示。

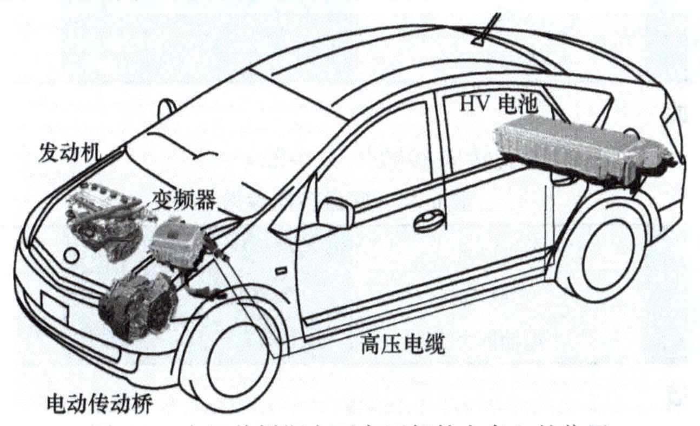

图 6-8　丰田普锐斯主要高压部件在车上的位置

问题引导3：丰田普锐斯混合动力车的整车参数（NHW20系列）是什么？

1. 车身参数

丰田普锐斯混合动力车的车身参数见表6-18。

表6-18 车身参数

车长/mm	4450	前轮距/mm	1510
车宽/mm	1725	后轮距/mm	1480
车高/mm	1490	车身结构	掀背式轿车
轴距/mm	2700	车门数	5
车重/kg	约1725（空车）	座位数	5
最小离地间隙/mm	约142	行李箱容积/L	410

2. 电机参数

丰田普锐斯混合动力车的电机参数见表6-19。

表6-19 电机参数

电机/发动机类型	三相永磁同步电机/INZ-FXE	电机最大功率/kW 发动机最大功率/kW	50 57
电机额定功率/kW 电机额定电压(AC)/V	50 500	电机最大转矩/N·m 发动机最大转矩/N·m	400 115

3. 电池参数

丰田普锐斯混合动力车的电池参数见表6-20。

表6-20 电池参数

纯电最大续驶里程/km	40（综合工况）	快速充满电时间	无须充电
蓄电池容量 蓄电池额定电压(DC)/V	1.3104kW·h/6.5A·h 201.6	蓄电池保修年限	8年或20万km
普通充满电时间	无须充电	蓄电池类型	镍-氢（Ni-MH）

4. 变速器参数

丰田普锐斯混合动力车的变速器参数见表6-21。

表6-21 变速器参数

档位个数	7	变速器名称	P112
变速器类型	CVT无级变速		

5. 底盘转向参数

丰田普锐斯混合动力车的底盘转向参数见表6-22。

表6-22 底盘转向参数

驱动方式	前置前驱	前悬架类型	麦弗逊式独立悬架
车体结构	承载式	后悬架类型	扭杆式非独立悬架
助力类型	电动助力		

6. 车轮制动参数

丰田普锐斯混合动力车的车轮制动参数见表6-23。

表 6-23 车轮制动参数

前制动器类型	通风盘式	前轮胎规格	195/55 R16
后制动器类型	整体盘式	后轮胎规格	195/55 R16
驻车制动类型	双伺服系统	备胎	非全尺寸

问题引导 4：丰田普锐斯混合动力车有哪些使用注意事项？

不同的混合动力系统其结构和工作原理各不相同，这就使得不同的混合动力汽车其使用方法也会有很大的差异。在此以丰田普锐斯混合动力汽车为例简单介绍混合动力汽车使用注意事项的相关问题。

1. 起动车辆

1）车辆配有一键起动系统。混合动力系统在踩制动踏板的同时通过短暂地按下“起动/停止”按键，当“OK”点亮时，车辆可以起动（因为有纯电动模式，“read”点亮表示车辆达到可行驶状态）。

①携带钥匙。

②在踩制动踏板的情况下短暂地按下“起动/停止”按键。

③放开电子驻车制动（EPB）。

2. 驾驶车辆

1）平稳地加速和减速。

2）驾驶过程中，能源在车辆减速时通过再生制动器得以回收，不过为了更有效地使用，不要对车辆进行不必要的加速和减速。

3）即使车辆移动时，发动机也可能没有任何声音或振动。为保证安全，驻车时施加驻车制动并确保将变速杆位置置换至 P 挡位。

4）混合动力系统工作时有可能出现以下声音或振动，但这并非故障。

①可能会听到发动机室内电动机的工作声音。

②混合动力系统起动或停止时，可能会听到后排座椅后面的动力蓄电池的工作声音。

③汽车发动机起动或停止时，低速驾驶时或怠速运转时，可能会听到变速器工作的声音。

④踩下制动踏板并松开加速踏板时，可能会听到由于再生制动而产生的声音。

⑤踩下制动踏板时，可能会听到制动系统传来的其他声音，如电动机和机械噪声。

⑥汽油发动机起动或停止时，可能会感受到振动。

思 考 题

1. 简述北汽 EV200，比亚迪 e5、纯电动客车 K8 和普锐斯混合动力车辆高压系统的组成。
2. 简述北汽 EV200，比亚迪 e5、纯电动客车 K8 和普锐斯混合动力车辆的动力传动系统及特点。
3. 简述电动车辆使用、保养和维修注意事项。

附　录

附录A　电动汽车术语（选自 GB/T 19576—2017）

1. 整车术语

1.1　整车

电动汽车（Electric Vehicle，EV）是指纯电动汽车、混合动力电动汽车、燃料电池电动汽车等的总称。

纯电动汽车（Battery Electric Vehicle，BEV）是指驱动能量完全由电能提供的、由电机驱动的汽车。

燃料电池电动汽车（Fuel Cell Electric Vehicle，FCEV）是指以燃料电池作为动力电源的汽车。

混合动力电动汽车（Hybrid Electric Vehicle，HEV）是指至少从丙类车载存储的数量（可消耗的燃料和可再充电能/能量储存装置）中获得动力的汽车。

1.2　驱动、行驶装置

辅助系统（Auxiliary System）是指驱动系统以外的用电或采用电能操纵的车载系统。

车载能源（On-board Energy Source）是指变换器和储能设备的组合。

驱动系统（Propulsion System）是指车载能源和动力系的组合。

动力系统（Power Train）是指动力单元与传动系的组合。

前后方向控制器（Drive Direction Control）是指通过驾驶人操作，控制汽车行驶方向的装置。

电池承载装置（Battery Carrier）是指为承放动力蓄电池而设置的装置，分为固定式或移动式。

电平台（Electrical Chassis）是指一组电气相连的可导电部分，其电位作为基准电位。

动力电缆（Power Cable）是指构成驱动用电机动力电路的电线。

充电插孔（Charging Inlet）是指在车身上安装充电用插座或充电口的装置。

1.3　电气装置及部件

断路器（Circuit Breaker）是指当电路异常时，切断电路的装置。

储能装置（Energy Storage）是指能够存储电能的装置，包括蓄电池、超级电容、飞轮电池等。

带电部分（Live Part）是指正常使用时，被通电的导体或导电部分。

可导电部分（Conductive Part）是指能够使电路通过的部分。

外露可导电部分（Exposed Conductive Part）是指可触及的可导电部分。

主开关（Main Switch）是指用于开、关动力蓄电池和控制其主电路的开关。

绝缘电阻监测系统（Insulation Resistance Monitoring System）是指对动力蓄电池及连接高压母线和车辆底盘之间的绝缘电阻进行定期（或持续）监测的系统。

维护插接器（Service Plug）是指当维护或更换动力蓄电池时断开电路的装置。

1.4 指示器、信号装置

电池过热报警系统（Battery Overheat Warning Device）是指当动力蓄电池温度超出限值时发出报警信号的装置。

电池液位报警系统（Battery Level Warning Device）是指当动力蓄电池的电解液位过低需要补充时发出报警信号的装置。

剩余电量显示器（Residual Capacity Gauge）是指显示动力蓄电池剩余电量的仪器。

电机超速报警装置（Motor Over Revolution Warning Device）是指当电机的转速超过限值时发出报警信号的装置。

电机过热报警装置（Motor Overheat Warning Device）是指当电机的温度超出限值时发出报警信号的装置。

电机过流报警装置（Motor Over Current Warning Device）是指当电机的电流超出限值时发出报警信号的装置。

控制器过热报警装置（Controller Overheat Warning Device）是指当控制器的温度超出限值时发出报警信号的装置。

漏电报警装置（Insulation Failure Warning）是指当主电路出现漏电时发出报警信号的装置。

可运行指示器（Stand by Indicator）是指显示可以正常运行的装置。

制动能量回收指示器（Eclectic Retarder Indicator）是指显示电制动系统能量回收强弱的装置。

1.5 行驶性能

放电能量（整车）（Discharged Energy）是指电动汽车行驶中，由储能装置释放的电能。

再生能量（Regenerated Energy）是指行驶中的电动汽车用再生制动回收的电能。

续驶里程（Range）是指电动汽车在动力蓄电池完全充电的状态下，以一定的行驶工况能连续行驶的最大距离。

能量消耗率（Energy Consumptionrate）是指电动汽车在经过规定的试验循环后对动力蓄电池重新充电至试验前的容量，从电网上得到的电能，消耗的电网除以行驶里程所谓的值。

最高车速（1km）[Maximum Speed（1km）] 是指电动汽车能够往返各持续行驶 1km 以上距离的最高平均车速。

30min 最高车速（Maximum Thirty-Minutes Speed）是指电动汽车能够持续行驶 30mn 以上的最高平均车速。

加速能力（Acceleration Ability）是指电动汽车由某一速度到达另一速度所需的最短时间。

坡道起步能力（Hill Starting Ability）是指电动汽车在坡路上能够起动且 1min 内向上行驶至少 10m 的最大坡度。

动力系效率（Power Train Efficiency）是指在纯电动情况下，从动力系输出的机械能与输入动力系的电能的比值。

爬坡车速（Speed Uphill）是指电动汽车给定的坡度上能够持续行驶1km以上的最高平均速度。

再生制动（Regeneration Breaking）是指将一部分动能转化为电能并储存在储能设备装置内的制动过程。

1.6 安全性能

误起步（Unintended Starting）是指车辆不在期望的情况下发生起步移动。

爬电距离（Creepage Distance）是指在两个可导电部分之间沿固体绝缘材料表面的最短距离。

直接接触（Direct Contact）是指人或动物与带电部分的接触。

间接接触（Indirect Contact）是指人或动物与基本绝缘失效的情况下变为与带电的外露可导电部分的接触。

基本绝缘（Basic Insulation）是指带电部分上对触电起基本防护作用的绝缘。

附加绝缘（Supplementary Insulation）是指为了在基本绝缘失效情况下防止触电而在基本绝缘之外使用的独立绝缘。

双重绝缘（Double Insulation）是指同时具有基本绝缘和附加绝缘的绝缘。

加强绝缘（Reinforced Insulation）是指为防止直接接触所提供的相当于双重绝缘防护等级的带电部分上的绝缘结构。

防护等级（Protection Grade）是指按照GB/T 30038定义，对带电部分的试指、试棒或试线接触所提供的防护程度。

1.7 质量

电动汽车整车整备质量（Complete Electric Vehicle Kerb Mass）是指包括车载储能装置在内的整车整备质量。

电动汽车试验质量（Test Mass of an Electric Vehicle）是指电动汽车整车整备质量与试验所需附加质量之后的整车质量。

电动汽车最大总质量（Max Mass of an Electric Vehicle）是指电动汽车整备质量附加最大允许承载质量之后的整车质量。

2. 电机及控制器

2.1 电机及控制器

电机（Electrical Machine）是指将电能转化成机械能或将机械能转换为电能的装置，它具有能做相对运动的部件，是一种依靠电磁感应而运行的电气装置。

发电机（Generator）是指将机械能转化为电能的装置。

电动机（Motor）是指将电能转化为机械能的装置。

驱动电机（Drive Motor）是指为车辆行驶提供驱动力的电动机。

辅助电机（Auxiliary Motor）是指驱动电机以外的电动机。

电机控制器（Electrical Machine Controller）是指控制动力电源与电机之间能量传输的装置，由控制信号接口电路、电机控制电路和驱动电路组成，或称能量转换装置。

2.2 电机类型

串励直流电机（DC Series Electrical Machine）是指励磁绕组和电枢绕组串联的直流

电机。

并励直流电机（DC Shunt Electrical Machine）是指励磁绕组和电枢绕组并联的直流电机。

无刷直流电机（DC Brushless Electrical Machine）是指用电子电路取代电刷和机械换向器的直流电机，通常由永磁转子电机本体、转子位置传感器和电子换向电路三部分组成。

交流感应电机（AC Induction Electrical Machine）是指转子以低于/高于气隙旋转磁场转速旋转的交流电机。

交流同步电机（AC Synchronous Electrical Machine）是指转子与气隙旋转磁场同步旋转的交流电机。

永磁同步电机（Permanent-magnet Synchronous Electrical Machine）是指转子采用永磁材料励磁的同步电机。

电励同步电机（Electrical Wound-field Synchronous Electrical Machine）是指转子上的励磁绕组通过集电环接至转子外部励磁电源的同步电机。

开关磁阻电机（Switched Reluctance Electrical Machine）是指采用定转子凸极且极数相接近的大步距磁阻式步进电机的结构，利用转子位置传感器通过电子功率开关控制各相绕组导通使之运行的电机。

2.3　控制器部件

变换器（Converter）是指使电气系统的一个或多个特征（电压、电流、波形、相数、频率）发生变化的装置。

逆变器（Inverter）是指将直流电转化为交流电的变换器。

整流器（Rectifier）是指将交流电转换为直流电的变换器。

斩波器（Chopper）是指将输入的直流电压以一定的频率通断，从而改变输出的平均电压的变换器。

2.4　相关装置

DC/DC 变换器（DC/DC Converter）是指将某一直流电源电压转换成任意直流电压的变换器。

冷却装置（Cooling Equipment）是指用于冷却电机及控制器的装置。

2.5　性能参数

额定功率（Rated Power）是指在额定条件下的输出功率。

峰值功率（Peak Power）是指在规定的持续时间内，电机允许的最大输出功率。

额定转速（Rated Speed）是指在额定功率下电机的最低转速。

额定转矩（Rated Torque）是指电机在额定功率和额定转速下的输出转矩。

峰值转矩（Peak Torque）是指电机在规定的持续时间内允许输出的最大转矩。

堵转转矩（Locked-rotor Torque）是指转子在所有角位堵住时产生的转矩最小测得值。

电压控制方式（Voltage Control Method）是指通过改变电机端电压而实现转速控制的控制方式。

电流控制方式（Current Control Method）是指通过改变电机绕组电流而实现转速控制的控制方式。

频率控制方式（Frequency Control Method）是指通过改变电机的电源频率而实现转速控

制的控制方式。

矢量控制（Vector Control）是指将交流电机的定子电流作为矢量，经坐标变换分解成与直流电机的励磁电流和电枢电流相对应的独立控制电流分量，以实现电机转速/转矩控制的方式。

直接转矩控制（Direct Control Method）是指用空间矢量的分析方法，直接在定子坐标系下计算并控制交流电机的转矩，采用定子磁场定向，借助于离散的两点式调节产生脉冲宽度调制（PWM）信号，直接对逆变器的开关进行控制，以获得转矩的高动态性能的控制方式。

再生制动控制（Regenerative Braking Control）是指通过驱动电机由电动状态转换为发电状态，将行驶中车辆的动能转换为电能回充至车载储能装置而实现对车速控制的控制方式。

弱磁控制（Field Weakening Control）是指通过减弱气隙磁场控制电机转速的控制方式。

输出特性（Output Characteristic）是指电机的转矩、输出功率与转速的关系。

连续输出特性（Continuous Output Characteristic）是指在规定的条件下，电机和控制器非限时连续运行的最大输出特性。

短时输出特性（Short Time Output Characteristic）是指在规定的条件下，电机和控制器在规定时间内连续运行的最大输出特性。

电机及控制器整体效率（Combination Efficiency Machine and Controller）是指电机转轴输出功率与控制器输入功率的百分比值。

3. 蓄电池

3.1 蓄电池种类

蓄电池（Battery）是指将所获得的电能以化学能的形式储存并可以将化学能转化为电能的一种电化学装置，可以重复充电和放电。

动力蓄电池（Traction Battery）是指为电动汽车动力系统提供电能量的蓄电池。

辅助蓄电池（Auxiliary Battery）是指为电动汽车低压辅助系统供电的蓄电池。

铅酸蓄电池（Lead-acid Battery）是指正极活性物质为二氧化铅，负极活性物质为铅，并以硫酸溶液为电解液的蓄电池。

金属氢化物镍蓄电池（Nickel-mental Hydride Battery）是指正极使用镍氧化物，负极使用可吸收释放氢的贮氢合金，以氢氧化钾为电解液的蓄电池。

锂离子蓄电池（Lithium Ion Battery）是指利用锂离子作为导电离子，在阳极和阴极之间移动，通过化学能和电能相互转化实现充放电的电池。

聚合物锂离子蓄电池（Polymer Lithium Battery）是指正极、负极和电解液中至少有一种有聚合物材料构成的锂离子蓄电池，其凝胶状电解质一般由聚合物膜与有机电解质构成。

3.2 结构

单体蓄电池（Secondary Cell）是指构成蓄电池的最小单元，一般由正、负极及电解质组成。

蓄电池模块（Battery Module）是指将一个以上单体蓄电池按串联、并联或串并联方式组合，并作为电源使用的组合体也称为蓄电池组。

蓄电池管理系统（Battery Management System）是指监视蓄电池的状态（温度、电压、荷电状态），可以为蓄电池提供通信、安全、电芯均衡及管理控制，并提供与应用设备通信接口的系统。

蓄电池辅助装置（Battery Auxiliaries）是指蓄电池系统正常工作所需的蓄电池托架、冷却系统、温控系统等部件。

蓄电池系统（Battery System）是指所有蓄电池组、辅助装置及蓄电池管理系统的组合。

附录 B　电动汽车高压安全概述

新能源汽车的电气安全工作是一项综合性的工作，有技术的一面，也有组织管理的一面。技术和组织管理相辅相成，有着十分密切的联系。电气安全工作主要有两方面的任务。一方面是研究各种电气事故，即研究电气事故的机理、原因、构成、特点、规律和防护措施；另一方面是研究用电气的方法解决各种安全问题，即研究运用电气监测、电气检查和电气控制的方法来评价系统的安全性或获得必要的安全条件。

1. 电动汽车安全用电

1.1　人体的电特性及电的危害性

人体是导体，有一定阻值，人体与带电体能构成电气连接，参与电流回路。

（1）决定人体电阻（R）的因素：

1）人员穿着衣物。

2）皮肤湿度。

一般来说，人体电阻包括人体内阻和皮肤电阻两部分，后者与皮肤干燥程度有关。在干燥的情况下，人体电阻约为 1000～3000Ω，一旦潮湿可降到 1kΩ，当皮肤裂开或破损时，电阻可降至 300～500Ω。知道人体电阻的大小和人体允许电流之后，可根据欧姆定律计算出人体可以承受的安全电压。

（2）通过人体的电流值　通过人体的电流越大，热的生理反应和病理反应越明显，引起心室颤动所需的时间越短，致命的危险性越大。按照人体呈现的状态，可以将人体通过的电流分为三个级别。

1）感知电流。在一定概率下，通过人体，引起人有任何感觉的最小电流，称为该概率下的感知电流，感知电流的最小值称为感知阈值。感知电流一般不会对人体构成伤害，但当电流增大时，感觉增强，反应加剧，可能导致坠落等二次事故。

2）摆脱电流。当通过人体的电流超过感知电流时，肌肉收缩增加，刺痛感觉增强，感觉部位扩展。当电流增大到一定程度时，由于中枢神经反射和肌肉收缩、痉挛，触电人将不能自行摆脱带电体。在一定概率下，人触电后能自行摆脱带电体的最大电流，称为该概率下的摆脱电流，摆脱电流的最小值，称为摆脱阈值。摆脱电流与人体生理特征、电极形状、电极尺寸等因素有关。对应于概率 50% 的摆脱电流成年男子约为 16mA，成年女子约为 10.5mA，对应于概率 99.5% 的摆脱电流分别为 9mA 和 6mA 如附图 B-1 所示。儿

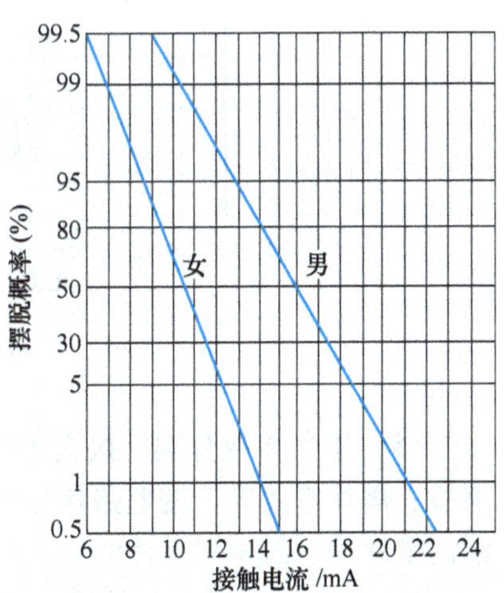

附图 B-1　人体的接触电流与成功摆脱概率关系图

童的摆脱阈值较小。摆脱电流是人体可以忍受但一般尚不致造成不良后果的电流。电流超过摆脱电流以后，人会感到异常痛苦、恐慌和难以忍受；如时间过长，则可能昏迷、窒息，甚至死亡。因此，可以认为摆脱电流是表明有较大危险的界限。

3）室颤电流。通过人体引起心室发生纤维性颤动的最小电流称为室颤电流，室颤电流的最小值称为室颤阈值。室颤电流是短时间内使人致命的最小电流。室颤电流受电流持续时间、电流途径、电流种类、人体生理特征等因素的影响。当电流持续时间超过心脏搏动周期时，人的室颤电流约为50mA；当电流持续时间短于心脏搏动周期时，人的室颤电流约为数百毫安；当电流持续时间在0.1s以下时，如电击发生在心脏易损期，500mA以上的电流可引起心室颤动。国家标准规定，在有防护装置的场合，人体允许的电流可按30mA考虑。

（3）电流作用于人体的时间　电流在人体内作用的时间越长，电击危险性越大，主要原因如下：

1）人体电阻减小。电击持续时间越长，人体电阻由于出汗、击穿、电解而下降，电击危险性越大。

2）能量增加。电流持续时间越长，体内积累外界电能越多，伤害程度增高，表现为室颤电流减小。

3）中枢神经反射增强。电击持续时间越长，中枢神经反射越强烈，电击危险性越大。

（4）人体触电后的生理反应　人体触电后的生理反应如附图B-2所示。

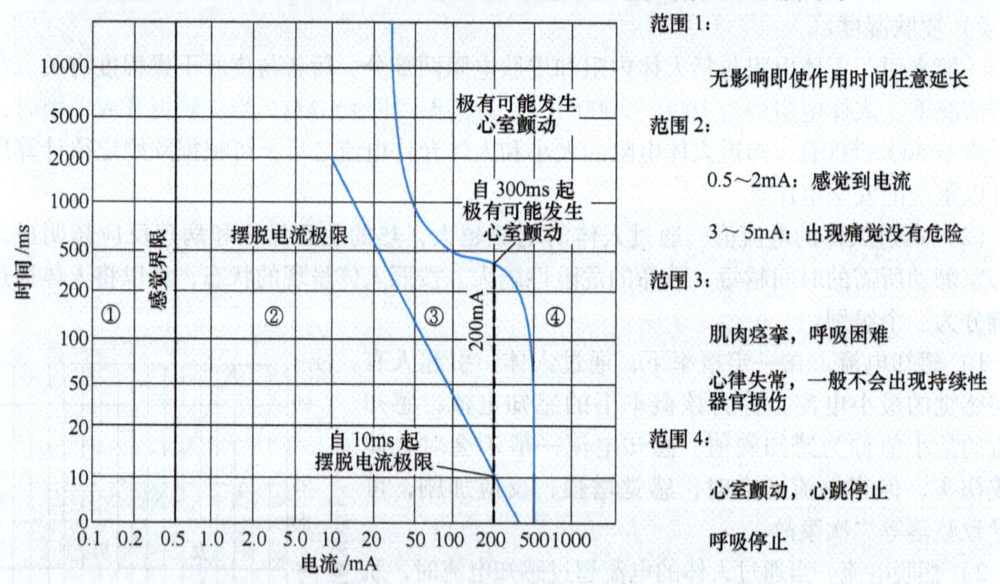

附图B-2　人体触电后的生理反应

（5）电气事故分类　按灾害形式分类，可将电气事故分为人身事故、设备事故、火灾事故、爆炸事故等。按电路状况分类，可将电气事故分为短路事故、断线事故、接地事故、漏洞事故等。触电对人体的伤害形式，一般可分为电击和电伤两种。

1）电击。电流直接通过人体的伤害称为电击。电流通过人体内部造成人体器官的损伤，破坏人体内细胞的正常工作，主要表现为生物学效应。电流通过人体，会引起麻感、针刺感、压迫感、打击感、痉挛、疼痛、呼吸困难、血压异常、昏迷、心律不齐、窒息、心室颤动等症状。心室颤动是小电流电击使人致命最多见和最危险的原因。发生心室颤动时，心脏每分钟颤动 1000 次以上，但幅值很小，而且没有规则，血液实际上已终止循环。发生心室颤动时的心电图如附图 B-3 所示，心室颤动是在心电图上 T 波前半部发生的。

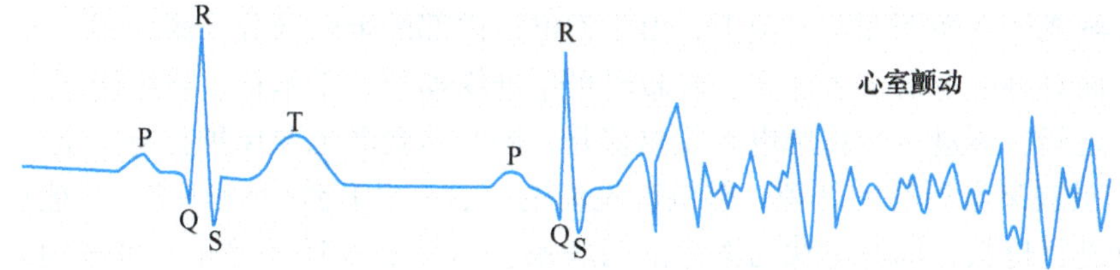

附图 B-3　发生心室颤动时的心电图

当人体遭受电击时，如果有电流通过心脏，可能直接作用于心肌，引起心室颤动；如果没有电流通过心脏，也可能经中枢神经系统反射作用于心肌，引起心室颤动。由于电流的瞬间作用而发生心室颤动时，呼吸可能持续 2～3min。在人丧失知觉前，有时还能叫喊几声，有的还能走几步，但是，由于其心脏已进入心室颤动状态，血液已终止循环，大脑和全身迅速缺氧，病情将急剧恶化，如不及时抢救，很快将导致死亡。

2）电伤。电流转换为其他形式的能量作用于人体的伤害称为电伤。电伤是由电流的热效应、化学效应、机械效应等对人造成的伤害。

①电灼伤。电灼伤是电流的热效应造成的伤害，分为电流灼伤和电弧烧伤两种情况。电流灼伤是人体与带电体接触，电流通过人体由电能转换成热能造成的伤害。电弧烧伤是由弧光放电造成的烧伤，分为直接电弧烧伤和间接电弧烧伤两种情况。直接电弧烧伤是带电体与人体之间发生电弧，有电流流过人体的烧伤；间接电弧烧伤是电弧发生在人体附近对人体的烧伤，包括熔化了的炽热金属溅出造成的烫伤。

②电烙印。人体与带电体接触的部位留下的永久性斑痕，斑痕处皮肤失去弹性，表皮坏死。

③皮肤金属化。由于电流的作用使熔化和蒸发了的金属微粒，渗入人体的皮肤，使皮肤坚硬和粗糙而呈现特殊的颜色。皮肤金属化多是在弧光放电时发生和形成的，在一般情况下，此种伤害是局部性的。

④机械性损伤。电流作用于人体，由于中枢神经反射和肌肉强烈收缩等作用导致的机体组织断裂、骨折等伤害。

⑤电光眼。当发生弧光放电时，由红外线、可见光、紫外线对眼睛产生的伤害，电光眼表现为角膜炎或结膜炎。

1.2　触电急救

如果不幸出现触电的情况，要尽快进行触电急救，应坚持迅速、就地、准确、坚持的原则。触电急救必须分秒必争，立即就地迅速用心肺复苏法进行抢救，并坚持不断地进行，同时及早与医疗部门联系，争取医务人员接替救治。在医务人员未接替救治前，不应放弃现场抢救，更不能只根据没有呼吸或脉搏擅自判定伤员死亡，放弃抢救。只有医生有权做出伤员死亡的诊断。

（1）脱离电源　触电急救，首先要使触电者迅速脱离电源，越快越好。因为电流作用的时间越长，伤害越重。触电者未脱离电源前，救护人员不准直接用手触及伤员，因为有触电的危险。使用绝缘工具、干燥的木棒、木板、绳索等不导电的东西解脱触电者；也可抓住触电者干燥而不贴身的衣服，将其拖开，切记要避免碰到带电物体和触电者的裸露身躯；也可戴绝缘手套后解脱触电者。在动力蓄电池组维修或更换电芯时触电，触电者受到电击后极易麻痹、昏厥或休克而倒在蓄电池上，由于蓄电池内部的带电部分外露较多，为避免触电面积增加，进而对触电者的伤害加大，施救时可用绝缘隔板、干木板，或绝缘塑料板插于触电者与蓄电池之间，再进一步将触电者脱离移开，同时施救者也要保护自身安全。

（2）伤员脱离电源后的处理　触电者脱离电源后，没有致命的外伤，只能认为是假死，要争分夺秒进行抢救，同时尽快与医疗部门联系。当触电者呼吸停止，可采用人工呼吸法；心跳也停止时，必须和胸外心脏按压同时进行。如现场救护只有一个人，应采用人工呼吸和胸外心脏按压交替进行的方法，即按压 15 次，吹起 2 次。

1）口对口（鼻）人工呼吸法。人工呼吸是在触电者呼吸停止后应用的急救方法。各种人工呼吸法中，以口对口（鼻）人工呼吸法效果最好，而且易学，其具体操作步骤及要领如下：

①使触电者平躺，迅速解开领口、紧身衣扣、围巾并放松腰带，头下不要垫枕头，以利于呼吸，还应再确认触电者是否已停止呼吸。

②把触电者的头侧向一边，掰开嘴巴将口腔中的假牙、血块、黏液、食物等妨碍呼吸的东西清除掉（如触电者牙关紧闭，可用小木片、金属勺把等从其嘴角插入牙缝，慢慢撬开嘴巴）。

③使触电者的头部尽量后仰，可压住上额，将其下额骨向上抬起，鼻孔朝天，使气道畅通。

④救护人蹲跪在触电者头部的左边或右边，用一只手捏紧他的鼻孔，另一只手的拇指和食指掰开嘴巴，如果掰不开嘴巴，可用口对鼻人工呼吸法。

⑤救护人深呼吸后，紧贴掰开的嘴巴吹气，吹气时也可隔一层纱布或毛巾。吹气时要使触电者的胸部略有起伏，每 5s 一次（吹气 2s，放松 3s），每分钟 12 次。对儿童吹气量酌减。

⑥口对口吹气时应把鼻子捏紧，口对鼻吹气时，应把嘴捂严。救护人换气时，放松触电者的鼻或嘴，让其自动呼气。

⑦在人工呼吸的过程中，若发现触电者有轻微的自然呼吸，人工呼吸应与自然呼吸的节律一致。当触电者的自然呼吸有好转时，可暂停人工呼吸数秒并密切观察。若正常呼吸仍不能完全恢复，应立即继续进行人工呼吸，直到呼吸完全恢复正常为止。

2）胸外心脏按压法。将触电者的衣服解开，使其平躺在比较坚实的木板或地板上，找到正确的按压点。救护人蹲跪在触电者腰部的一侧，或跨腰跪在其腰部，两手相叠，手掌根部放在心口窝稍高、两乳头间略低胸骨下三分之一处。对触电儿童可用一只手操作。救护人两臂肘部伸直，掌根略带冲击地用力垂直下压（压向脊背方向），压出心脏里面的血液，成人压陷深度为 3～5cm，按压太快、太慢、太重、太轻效果都不好，以 60～80 次/min 为宜。对儿童压力稍轻，以免损伤胸骨，按压速度可稍快些。按压后掌根很快全部放松，让触电者胸廓自动复原，血又充满心脏。每次放松时，掌根不要挪位。每次按压和放松时间相等。

人工呼吸法和胸外心脏按压法如附图 B-4 所示。

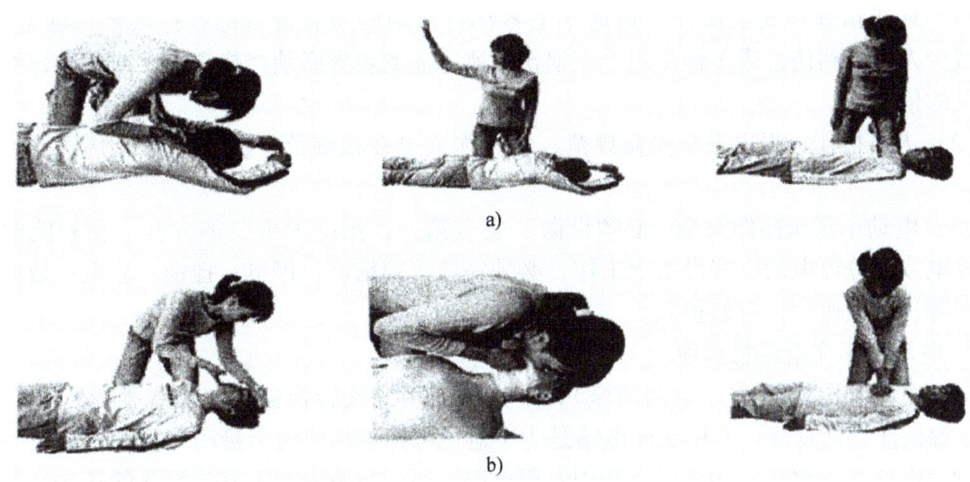

附图 B-4　人工呼吸法和胸外心脏按压法

1.3　安全防护

1. 安全电压

电流根据对人体影响的不同程度而划分了等级，同样电压也按照幅值和对人体的伤害程度划分了三个等级：安全电压（36V 以下）、低压（220V 和 380V）、高压（10～220kV）。

安全电压是指为了防止触电事故而由特定电源供电所采用的电压系列。按我国标准具体规定，交流电安全电压等级为 42V、36V、24V、12V、6V 等。人们可根据使用场所具体特点采用某个安全电压等级。一般环境条件下，允许的安全电压等级是 36V，安全电压应满足以下三个条件：

1）标称电压不超过交流 36V（AC）、直流 60V（DC）。

2）由安全隔离变压器供电。

3）安全电压电路与供电电路及大地隔离。

2. 电动汽车的电压等级划分

国家标准 GB/T 18384.3—2015《电动汽车　安全要求　第 3 部分：人员触电防护》中电路的电压分级中明确规定：根据电路的工作电压 U，将电路分为以下几级，见附表 B-1。

附表 B-1　电动汽车工作电压等级　（单位：V）

电压等级	直流	交流(rms)
A	$0<U\leqslant 60$	$0<U\leqslant 30$
B	$60<U\leqslant 1500$	$30<U\leqslant 1000$

3. 电动汽车的触电防护

触电防护应包含防止人员与任何带电部件的直接接触和在带电部件的基本绝缘故障的情况下的触电防护。对于 A 级电压的电路不要求提供触电防护。对于任何 B 级电压电路的带电部件，都应为人员提供危险接触的防护。直接接触防护应由带电部件的基本绝缘提供或由遮挡、外壳，或两者结合来提供。所有的防护及规定都从安全的角度出发，防止人体及电气设备因触电或短路发生故障、造成事故。

（1）防护措施和安全操作　遵循车上零部件所附的所有警告标签：该警告标记表明，为了减少人员受到伤害或车辆受到严重损伤，所陈述的步骤必须严格遵循，或必须仔细考虑所提供的信息。

（2）人员操作　提出安全操作规范，使操作人员在该规范下操作，保证其规范性与安全性。

（3）电动车高压操作安全　必须贯彻“安全第一，预防为主”的方针。在新能源汽车全部停电或部分停电的电气设备上工作，必须完成下列措施：停电；挂锁；验电；放电；悬挂标识牌；装设遮栏；有监护人。

4. 电动汽车充电注意事项

交流电路和电源插座（空调插座），不允许使用外接转换插头、插线板等，且应确保16A电源插座接地良好。专用交流电路是为了避免电路破坏或由于给动力蓄电池充电时的大功率导致电路跳闸保护，如果没有使用专用电路，可能影响电路上其他设备的正常工作。

为了避免对充电设备造成破坏：

1）不要在充电插座塑料口盖打开的状态下关闭充电口盖板。

2）不要用力拉或扭转充电电缆。

3）不要使充电设备承受撞击。

4）不要把充电设备放在靠近加热器或其他热源的地方。

①充电时，不建议人员停留在车辆内。

②充电时，建议将车辆停放在通风处。

③停止充电时应先断开交流充电连接装置的车辆插头，再断开电源端供电插头。

④不要将车辆搁置在超过55℃以上环境下超过24h；或低于－25℃环境下超过一天。

5）电动车机舱使用注意事项。打开电动车机舱前，需将钥匙拧至OFF档；电动车机舱内部标有高压危险警示标的器件，严禁用手直接去触摸；车辆机舱内严禁喷水、冲洗；不要在雨中打开前舱盖，以防止漏电。

用户不得私自开启高压电器盒。如果高压熔丝熔断，表示汽车电气系统有较大的故障，应立即与汽车经销部门取得联系。

6）在前舱进行作业之前，必须关闭起动开关。

7）发生事故时的注意事项。

①保持车辆处于N档，关闭汽车。

②如果车上电线裸露或破损，禁止触碰任何电线，以防触电。

③如果发生火灾，应立刻离开车辆并用磷酸铵盐类灭火器灭火，或用大量水灭火。

8）电动汽车作业十不准包括：

①非持证电工不准装接电动汽车高压电气设备。

②任何人不准玩弄电气设备和开关。

③破损的电气设备应及时调换，不准使用绝缘损坏的电气设备。

④不准利用车身电源对电动汽车以外的用电设备供电。

⑤设备检修切断电源时，任何人不准起动挂有警告牌的电气设备，或合上拔去的熔断器。

⑥不准用水冲洗揩擦电气设备。

⑦熔丝熔断时，不准调换容量不符的熔丝。

⑧不经技术部门或主管部门审批，不准私自改动和加装。

⑨发现有人触电，应立即切断电源进行抢救，未脱离电源前不准直接接触触电者。

⑩雷雨天气，禁止室外对车辆充电和维修维护。

2. 常用电工安全用具

2.1 电工安全用具的分类

安全用具包括绝缘安全用具和一般防护用具。绝缘安全用具主要有两种：基本绝缘安全用具和辅助绝缘安全用具。

（1）基本绝缘安全用具　基本绝缘安全用具是指其绝缘强度足以抵抗电气设备运行电压的安全用具。

高压基本绝缘安全用具包括高压验电器、绝缘夹钳、绝缘杆及绝缘棒等。

低压基本绝缘安全用具包括低压试电笔、绝缘手套及装有绝缘柄的工具。

基本绝缘安全用具可直接与带电导体接触，对于直接接触带电导体的操作应使用基本绝缘安全用具。

（2）辅助绝缘安全用具　辅助绝缘安全用具是指其绝缘强度不足以抵抗电气设备运行电压的安全用具。

高压辅助绝缘安全用具有高压绝缘手套、绝缘靴、绝缘垫及绝缘台等。

低压辅助绝缘安全用具有绝缘鞋、绝缘垫及绝缘台等。

辅助绝缘安全用具只能强化基本绝缘安全用具的保护作用，即防止接触电压、跨步电压以及电弧灼伤对操作人员的危害。

（3）一般的防护用具

1）临时接地线。将已停电设备临时短路接地，防止因误送电造成工作人员触电。

2）临时安全遮拦。防止工作人员误入带电间隔和误碰带电设备。

3）标识牌。防止工作人员误上带电设备和误将停电设备及电路送电的措施。

4）安全帽。适用于高空作业，以防碰伤、砸伤人员头部。

5）安全带。适用于高空作业，防止工作人员坠落。

6）防护眼镜。适用于更换熔丝，操作室外设备，浇灌电缆绝缘胶和更换蓄电池液等工作。

7）布手套。适用于操作可熔金属方面的工作及浇灌电缆绝缘胶等。

2.2 安全用具的使用及保管

安全用具在使用前应进行外观检查，检查其表面有无裂纹、铅印、划痕、毛刺、孔洞、断裂等外伤及是否清洁。使用完毕后，应存放在干燥、通风的处所，并应符合下列要求：

1）绝缘杆应悬挂在支架上，不应与墙接触。

2）绝缘手套、绝缘靴应存放在密闭的橱内，并与其他工具仪表分别存放，绝缘靴不准代替一般的雨鞋使用。

3）绝缘垫和绝缘台应保持清洁、无损伤。

4）高压验电器应存放在防潮的匣内，并将匣放在干燥的地方。

5）安全用具和防护用具不允许当作其他工具使用。

6）安全用具应定期进行试验，定期试验合格后应加装标志。

2.3　用电单位应具备的安全用具

1）高压用电单位，应具备的安全用具：高压绝缘杆、绝缘夹钳、验电器；绝缘手套、绝缘靴、绝缘鞋、绝缘台、绝缘垫；足够数量的接地线、各种标识牌、安全遮拦、护目眼镜；各种登高作业的安全用具，如安全带、安全帽、绝缘绳等。

2）低压用电单位，应具备的安全用具：绝缘夹钳、绝缘手套、验电笔；绝缘鞋、接地线、标识牌、护目眼镜；各种登高作业的安全用具，如安全带、安全帽、绝缘绳等。

2.4　绝缘杆及绝缘手套使用前的检查及使用注意事项

（1）绝缘杆使用前的检查　检查其是否在试验合格有效期内。检查绝缘杆有无受潮、断裂，钩环有无变形，表面应清洁，连接部位应牢固。

（2）绝缘杆使用注意事项　使用绝缘杆应戴绝缘手套、穿绝缘靴；手握部分不得超出防护环或防护罩。

雨雪天气时，室外使用绝缘杆应装有防雨的伞形罩。使用时应防止碰撞、划伤，绝缘杆不应挪作他用。绝缘杆应存放在干燥通风处，并悬挂在支架上，避免与墙或地面接触。

（3）绝缘手套使用前的检查　检查其是否在试验合格有效期内，检查有无划痕、开裂，表面清洁，应做充气试验检查，并无泄漏。

（4）绝缘手套使用注意事项　低压绝缘手套作为基本安全用具，可直接接触低压带电体，而高压绝缘手套只能作为辅助安全用具，不能直接接触高压带电体。绝缘手套应存放在密闭的橱内，并与其他工具分别存放。

2.5　电工安全用具试验周期

绝缘安全用具的试验周期及试验标准见附表 B-2。

附表 B-2　绝缘安全用具的试验周期及试验标准

名称	电压等级/kV	试验周期	试验标准		
			耐压试验电压/kV	耐压试验持续时间/min	泄漏电流/mA
高压验电器	6~10 35	六个月	40 105	5	
绝缘杆	6~10	一年	44	5	
绝缘夹钳	35 及以下		三倍线电压		
绝缘手套	高压	六个月	8(新品 12)	1	≤9
	低压		2.5		≤2.5
绝缘靴	高压	六个月	15	1	≤7.5
绝缘垫	1 以上 1 及以下	二年	15 5	以 2~3cm/s 的速度拉过	≤15 ≤5
绝缘站台	各种电压	三年	40	2	
绝缘挡板	6~10	一年	30	5	
绝缘罩	35	一年	—		
绝缘鞋	1 及以下	六个月	3.5	1	≤2
绝缘柄工具	低压	六个月	3	1	—

3. 电动汽车维护保养

3.1 整车的维护保养

电动汽车使用过程中，为保证汽车正常行驶，必须对汽车进行日常维护。日常维护是发挥汽车效率、减少行车事故、节约维修费用、降低能耗以及延长汽车使用寿命的重要环节，是每个驾驶人在开车前及行车中必须做到的，其主要内容如下：

1）查转向、制动、悬架、传动等主要部件的紧固情况。

2）查真空管道有无漏气现象。

3）查驱动桥主减速器、转向机构和真空泵等有无渗漏油现象。

4）查轮胎气压是否合乎标准，剔除嵌入轮胎花纹的渣石、铁钉等杂物。

5）按润滑表规定，按时按量对各润滑点进行润滑。

除日常维护外，车辆行驶一段距离后还应进行周期性的维护与保养，以保持车辆良好的运行状态。例如，每行驶1000km后，除完成每日保养内容外，还需检查蓄电池是否合格；电气系统各部件绝缘阻值是否符合规定要求。每行驶3000km后，应紧固全车的各紧固件，特别注意检查并紧固好转向拉杆，前、后桥悬架，驱动电机、传动轴、制动等系统的紧固件；轮胎换位；检查真空泵与助力转向系统。每行驶6000km后，应清洗、润滑各车轮轮毂轴承，并调整松紧度；检查调整前束值；检查调整各制动蹄片的间隙。每行驶12000km后检查真空泵工作情况；检查转向系统工作情况；检查驱动电机等电气部分，同时检查电线的紧固情况和各部位的绝缘情况。如果电动汽车长期停用，需要经常清洗尘土，检查电动汽车外部并进行防锈和除锈处理；停驶1个月以上时，应将电动汽车架起，解除前、后悬架和轮胎的负荷；每月对蓄电池进行1次补充充电；每月检查1次电气仪表、制动、转向等机构的动作情况，检查各个轮胎气压，发现不足时应充气。

3.2 关键零部件的维护和保养

动力蓄电池系统、驱动电机系统、动力转向系统以及制动系统的性能极大地影响电动汽车的应用性能和安全性能。这些关键部件的维护和保养可有效延长电动汽车使用寿命，提高使用性能。

1. 动力蓄电池系统

动力蓄电池系统由动力蓄电池、蓄电池箱和蓄电池管理系统构成。作为整车的动力源，动力蓄电池对整车性能具有重要的影响。动力蓄电池组具有高电压、强电流的特点，对其进行保护与检查非常必要。

动力蓄电池需要每3个月或每行驶5000km后进行1次蓄电池单体电压检测。每次更换蓄电池时，都需要检查连接插头是否有磨损、松动、烧蚀等故障；每运行10000km，应对蓄电池箱进行1次清理，并检查内外箱体及各个组成部件是否完好。

（1）动力蓄电池箱体的检查

1）外箱的检查、维护。在安装内箱之前检查以下两点：

①要检查极柱座橡胶护套是否齐全。

②检查极柱是否氧化，氧化面应使用1500目砂纸轻轻打磨，或使用棉布用力擦，将氧化层去掉。

2）要定期（通常为1个月）清理外箱灰尘。

3）极柱出现拉弧或打火烧蚀，要及时更换。

4）若通信不可靠或24V供电电源不可靠，应检查CAN总线连接插头、24V连接插头是否正常。

5）内箱检查。应检查极柱座是否连接可靠，高压有无打火烧蚀，要定期吸尘清洁。

（2）动力蓄电池外箱体高压正负极端子检查　动力蓄电池外箱如附图B-5所示。

1）用兆欧表500V档测量各端子之间的绝缘阻值。要求当空气相对湿度不大于90%时，绝缘电阻应不小于20MΩ；当空气相对湿度>90%时，绝缘电阻应不小于2MΩ。

2）用兆欧表500V档测量各端子与蓄电池外壳之间的绝缘阻值。当空气相对湿度不大于90%时，绝缘电阻应不小于20MΩ；当空气相对湿度大于90%时，绝缘电阻应不小于2MΩ。

3）目测高压极柱插头、极柱插孔是否有磨损、烧蚀等现象，并注意保护套等部件是否齐全。

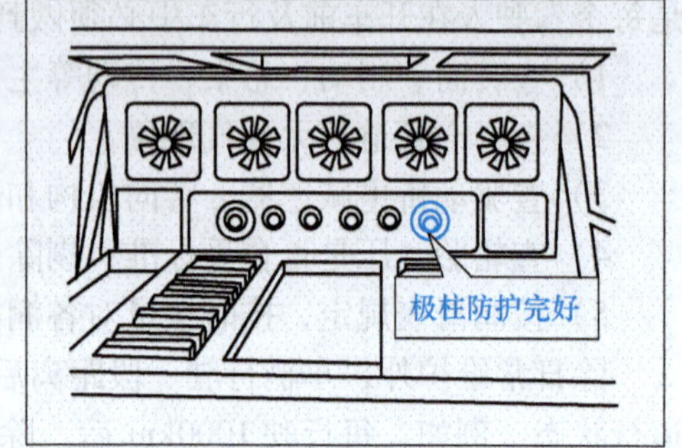

附图B-5　动力蓄电池外箱

注意：箱体内必须保持清洁，避免有任何杂物和污染，以防意外漏电。检查滤网、冷却风扇等是否齐全、牢固。

（3）蓄电池快换导轨检查

1）检查快换箱体导轨轴承是否缺失。

2）检查各轴承滚动是否顺畅；否则需及时更换轴承。

3）检查导轨有无变形。

（4）机械锁检查　机械锁采用手动解锁装置，由解锁把手、解锁杆、锁口组成。

1）检查解锁把手是否转动平顺。

2）将解锁把手按下去，检查锁是否能够卡到正确的位置。

3）检查开锁、上锁是否平顺。

（5）高压中控盒电气安全检查

1）在推入动力蓄电池箱之前，由具备资质的电工将连接到中控箱的高压线束、动力蓄电池输入电缆从中控箱接插件口拔下，将其他高压电缆从部件接插件口（如电动空调等部件接插件上）拔下，测量拔下线束的每一个高压端子和底盘之间的绝缘电阻，其阻值应大于20MΩ。

2）保持步骤1）的状态，并保持连接到中控盒的低压线束接通，将动力蓄电池推入蓄电池舱后，将车辆钥匙扭到“START”状态，此时测量所有高压线束端子处的电压，端子A和端子B之间的电压应为400V左右或无电压，且端子A为高电势，端子B为低电势，如附图B-6所示。

3）保持步骤2）的状态，将车辆的暖风加热系统打开，连接至PTC加热器的高压线束端子处的端子A和端子B之间应为400V直流电压，其中A为高电势。

附图B-6　动力蓄电池到高压盒插头

4）以上步骤确认无误后才能将车辆钥匙扭到“OFF”档，然后将步骤1）中拔下的插头依次插上，如果发现步骤1）~4）有异常现象，则应在排除异常后方可继续进行。

2. 驱动电机

1）每天开车前，检查散热器是否有防冻液，如果防冻液太少或没有，则必须补充。

2）检查驱动电机及其控制器各固定点，检查螺栓是否松动，线束和插件是否存在松动、老化、破损、腐蚀等现象。

3）每两个月检查电机本体和控制器水冷管道是否通畅，若冷却水道有堵塞现象，则应及时清理堵塞物。

4）每半年检查清理1次电机本体和控制器表面的灰尘。清理方法是断开动力电源，用高压气枪清理电机本体和控制器表面灰尘。

注意：禁止用高压气枪直接对准控制器外壳上的“呼吸器”吹气，应用软毛刷进行清理。

5）电机轴承在一个大修周期内，不需要加油脂。当轴承发生故障时，应解体电机更换轴承。

6）当电机很长时间未用时，最好测量电机的绝缘电阻。检查绝缘电阻应使用500V兆欧表，其值不低于5MΩ；否则需对绕组进行干燥处理，以去除潮气。去除潮气可采用以下方法：

①用接近80℃的热空气干燥电动机，将热空气吹过静止、不通电的电机。

②将转子堵住，在定子绕组施加7~8V的50Hz交流电压。逐步增加电流直到定子绕组温度达到90℃，保持这一温度，再逐步增加电压到足以使转子开始有旋转迹象。

在转子堵转下的加热过程中，要特别小心，以免损伤转子，维持温度为90℃直到绝缘电阻稳定不变。

特别注意：开始时缓慢加热很重要，这样使得水蒸气能自然地通过绝缘层而逸出。迅速加热很可能使局部的蒸汽压力快速增大到足以使水蒸气强行通过绝缘层而逸出，会使绝缘层遭到永久性破坏。通常需要花15~20h使温度上升到所需温度。经过2~3h后，再次测量绝缘电阻。考虑到温度对绝缘电阻的影响，如绝缘电阻已经达到5MΩ，电机的干燥过程即可结束并投入使用。

3. 其他高压系统

高压系统应每3个月或每行驶5000km后进行1次保养，即在对蓄电池进行保养的同时，进行高压系统的保养。其他高压部件主要有车载充电机、DC/DC变换器、高压电气盒、空调用电动压缩机总成。

1）检查高压警告标记是否清晰且牢固。

2）检查表面是否发生腐蚀、损伤等。

3）检查安装点支架有无变形、损伤，安装螺栓有无缺损，并检查螺栓有无松动。

4）检查接插件是否连接可靠，有无松脱或变形情况。

4. 电气线束

（1）低压线束的检查　检查低压线束是否整齐、捆扎成束，固定卡钉是否卡紧；检查插头连接是否牢固；检查低压线束插接器的外观有无破损、腐蚀等现象；穿越孔洞的线束如果装有绝缘防磨套管，应检查其是否固定可靠。

（2）低压电气熔断器的检查　检查熔断器外观是否有开裂、损坏、腐蚀、老化等现象；

检查熔断器外部接插件和车身线束接插件插接是否牢固可靠；检查熔断器盖锁扣是否有效锁紧；检查熔断器和车身固定点是否固定可靠。

（3）高压线束的检查

1）底盘线束离地面高度是否在安全范围内，或设有相应的走线槽来避免线束的剐蹭。

2）线束和保护波纹管外观是否存在破损、老化等现象，插接器是否有腐蚀现象。

3）各插接件连接是否牢固，其护套是否完好且无损。

4）高压插接器的锁止以及高压插接器之间互锁机构是否完好。

5）线束固定卡钉是否完好。

6）高压线束和运动件之间是否存在剐蹭的现象。

5. 动力转向系统

转向系统是汽车操纵的重要部件，需经常检查保养；否则一旦失灵，将会造成车毁人亡的事故。动力转向系统维护和保养的内容如下：

1）定期检查转向间隙：转向盘回转 30mm 时，车轮必须转动，否则必须进行调整。

2）定期更换转动器润滑油（转动液压油）。

3）在换季保养以及行驶 10000km 时要检查转向油罐的油位和管路插头的密封情况。

4）转向液压油的更换。

①顶起前桥至前轮离开地面。

②放油。旋出转向机的放油螺栓，取下油罐盖，起动电机并保持空转，使得系统中的油在泵的驱动下从转向机放油螺栓孔中排出，经过转向盘左、右两极限位置的多次转动，直到油液排净为止，然后重新装上放油螺栓并拧紧。

③注油。首先将注油罐注满油液，再起动电机向系统内充油，同时向油罐中继续补充油液，直至油罐中无气泡上升，并且油面稳定在测试棒刻度以上 1～2cm，然后旋紧油罐盖。

5）滤芯更换：打开油罐盖，取出旧滤芯，放入新滤芯，重新装好油罐盖。

注意：换滤芯时必须重新更换油液。

6）转向机的转向压力在出厂时已经调好，调整螺钉严禁擅自改动。若发现转向时转向盘明显沉重，应送维修站调整。

6. 制动系统

（1）检查制动系统的密封性　对于采用气制动系统的电动汽车，气密性的检查十分重要，否则是很危险的。长时间没有使用的车辆，在开车之前必须进行检查。

1）气路系统的密封性。起动压缩机，储气压力达到 0.81MPa。关闭压缩机，观察双针压力表，在 10min 内压力降低不得超过 0.01MPa；若超过则说明密封性不好，应进行检查维护。

2）制动系统的密封性。关闭电机，踩下制动踏板保持 3min，气压表的白针指示压力保持不变，表示密封性可靠。

（2）维护保养

1）应定期检查制动管路的密封性，使其处于良好的状态，一旦发现弯折、擦破、压扁的地方，应及时更换。

2）排出储气筒中的冷凝水。用手拉动储气筒下面的排水阀的拉环，若排水阀被堵塞就要把排水阀旋出，进行清理或更换。在旋出以前，要排出筒内的压缩空气，可利用多次踩动踏板的方法排出，否则会出现危险。

参 考 文 献

[1] 日本自动车技术会. 汽车工程手册10：新能源车辆设计篇［M］. 中国汽车工程学会，译. 北京：北京理工大学出版社，2014.

[2] 倪光正. 现代电动汽车、混合动力电动汽车和燃料电池车：基本原理、理论和设计（原书第2版）［M］. 北京：机械工业出版社，2010.

[3] 崔胜民. 新能源汽车技术解析［M］. 北京：化学工业出版社，2016.

[4] 李伟. 新能源汽车构造原理与故障检修［M］. 北京：化学工业出版社，2015.

[5] 吴兴敏，张博，王彦光. 电动汽车构造、原理与检修［M］. 北京：北京理工大学出版社，2015.

[6] 蔡兴旺. 新能源汽车构造与维修［M］. 2版. 北京：机械工业出版社，2018.

[7] 陈家瑞. 汽车构造：上册［M］. 3版. 北京：机械工业出版社，2009.

[8] 陈家瑞. 汽车构造：下册［M］. 3版. 北京：机械工业出版社，2009.

[9] 周林福. 汽车底盘构造与维修［M］. 3版. 北京：人民交通出版社，2015

[10] 陈柳钦. 国外新能源汽车产业发展的政策支持［J］. 节能与环保，2010（12）：46-48.

[11] 樊杜鑫. 中国跨越式发展新能源汽车的路径研究［D］. 杭州：浙江工商大学，2009.

[12] 王传祺. 中国新能源汽车发展现状分析及战略规划研究［D］. 天津：天津大学，2010.

[13] 张国昀. 电动汽车产业研究［M］. 北京：中国石化出版社，2016.

[14] 兰凤崇. 广东新能源汽车产业及促进政策研究［M］. 广州：华南理工大学出版社，2011.

[15] 薛冬美. 我国新能源汽车产业发展战略研究［D］. 太原：山西财经大学，2011.

[16] 徐国凯，赵秀春，苏航. 电动汽车的驱动与控制［M］. 北京：电子工业出版社，2010.

[17] 尹安东，余霞. 燃料电池电动汽车驱动系统及其控制技术［R］. 合肥：合肥工业大学，2007.

[18] 王文伟，毕荣华. 电动汽车技术基础［M］. 北京：机械工业出版社，2010.

[19] 王贵明，王金懿. 电动汽车及其性能优化［M］. 北京：机械工业出版社，2010.

[20] 朱小春. 驱动电机及控制技术［M］. 北京：清华大学出版社，2017.

[21] 郭丙君. 电机与电力拖动［M］. 上海：华东理工大学出版社，2013.

[22] 钱强. 汽车网络结构与检修［M］. 北京：清华大学出版社，2015.

[23] 余春晖，万霞，曹家喆，等. 汽车电器与辅助电子［M］. 北京：清华大学出版社，2015.

[24] 朱小春，李正国. 电动汽车网络与电路分析［M］. 北京：清华大学出版社，2017.

[25] 黄建文. 汽车车载网络系统检修一体化项目教程［M］. 上海：上海交通大学出版社，2012.

[26] 刘春晖，刘光晓. 汽车车载网络技术详解［M］. 3版. 北京：机械工业出版社，2019.

[27] 陈社会. 混合动力汽车构造与维修［M］. 北京：机械工业出版社，2017.

参考文献

[1] 日本自动车技术会. 汽车工程手册10：混合动力汽车设计篇[M]. 中国汽车工程学会，译. 北京：北京理工大学出版社，2014.

[2] 倪光正. 现代电动汽车、混合动力电动汽车和燃料电池车：基本原理、理论和设计（原书第2版）[M]. 北京：机械工业出版社，2010.

[3] 鲁植雄. 新能源汽车技术精析[M]. 北京：化学工业出版社，2016.

[4] 李伟. 新能源汽车构造原理与故障检修[M]. 北京：化学工业出版社，2018.

[5] 吴友斌，张博，于春光. 电动汽车构造、原理与检修[M]. 北京：北京理工大学出版社，2016.

[6] 蔡兴旺. 新能源汽车构造与维修[M]. 2版. 北京：机械工业出版社，2018.

[7] 陈家瑞. 汽车构造：上册[M]. 3版. 北京：机械工业出版社，2009.

[8] 陈家瑞. 汽车构造：下册[M]. 3版. 北京：机械工业出版社，2009.

[9] 周林福. 汽车底盘构造与维修[M]. 3版. 北京：人民交通出版社，2013.

[10] 刘贻欢. 国外新能源汽车产业发展的政策比较[J]. 节能与环保，2010（12）：46-48.

[11] 郑银霞. 中国新能源发展和新能源汽车的路径研究[D]. 杭州：浙江工商大学，2009.

[12] 王秀敏. 中国新能源汽车发展现状分析及战略规划研究[D]. 天津：天津大学，2010.

[13] 张国明. 电动汽车产业研究[M]. 北京：中国石化出版社，2016.

[14] 王凤琪. 广东新能源汽车产业发展技术研究[M]. 广州：华南理工大学出版社，2011.

[15] 薛冬冬. 我国新能源汽车产业发展战略研究[D]. 太原：山西财经大学，2011.

[16] 谢国强，赵寿芳，等. 新能源电动汽车的驱动与控制[M]. 北京：电子工业出版社，2010.

[17] 单宝平，余成. 轮毂电机电动汽车驱动系统及其控制技术[D]. 合肥：合肥工业大学，2007.

[18] 王文伟，毕荣华. 电动汽车技术基础[M]. 北京：机械工业出版社，2010.

[19] 王世明，王金龙. 电动汽车及其性能优化[M]. 北京：机械工业出版社，2010.

[20] 杨小军. 驱动电机及控制技术[M]. 北京：清华大学出版社，2017.

[21] 郭内特. 电机与电力拖动[M]. 上海：华东理工大学出版社，2013.

[22] 史磊. 汽车网络结构与检修[M]. 北京：清华大学出版社，2015.

[23] 余琴，方莉，曹文庆，等. 汽车电器与辅助电子[M]. 北京：清华大学出版社，2015.

[24] 宋小伟，李正国. 电动汽车网络与电控分析[M]. 北京：清华大学出版社，2017.

[25] 曾鸿文. 汽车车载网络系统检修一体化项目教程[M]. 上海：上海交通大学出版社，2012.

[26] 马春晖，刘光斌. 汽车车载网络技术详解[M]. 3版. 北京：机械工业出版社，2019.

[27] 陈陵舜. 混合动力汽车构造与检修[M]. 北京：机械工业出版社，2017.